## Also Available

*Pocket Sudoku Presented by Will Shortz, Volume 1*
*Pocket Sudoku Presented by Will Shortz, Volume 2*
*Pocket Sudoku Presented by Will Shortz, Volume 3*
*Pocket Sudoku Presented by Will Shortz, Volume 4*
*Will Shortz Presents Summertime Pocket Sudoku*
*Will Shortz Presents Summertime Pocket Kakuro*
*Will Shortz Presents Vacation Sudoku*
*Will Shortz Presents Quick and Easy Sudoku*
*Will Shortz Presents Light and Easy Sudoku*
*Will Shortz Presents Easy to Hard Sudoku*
*Will Shortz Presents Sudoku to Go*
*Will Shortz Presents Sudoku Delight*
*Will Shortz Presents Simply Sudoku*
*Will Shortz Presents Ultra Easy Pocket Sudoku*
*Will Shortz Presents Sudoku for the Weekend*
*Will Shortz Presents Sudoku in the Sun*
*Will Shortz Presents Beach Bag Sudoku*
*Will Shortz Presents Sweet Dreams Sudoku*
*Will Shortz Presents Light and Easy Sudoku Volume 2*

## Or try these larger-format collections:

*Will Shortz Presents The Super-Colossal Book of Sudoku*
*Will Shortz Presents Simple Sudoku Volume 1*
*Will Shortz Presents Sudoku for Your Bedside*
*Will Shortz Presents Sudoku for Stress Relief*
*Will Shortz Presents The Big Book of Easy Sudoku*
*Will Shortz Presents Quick Sudoku, Volume 1*
*Will Shortz Presents Sudoku for the Weekend*
*Will Shortz Presents Easiest Sudoku*
*The Giant Book of Sudoku Presented by Will Shortz*
*The Ultimate Sudoku Challenge Presented by Will Shortz*
*Sudoku for Your Coffee Break Presented by Will Shortz*
*Will Shortz's Favorite Sudoku Variations*
*Kakuro Presented by Will Shortz*

Will Shortz Presents

# SIMPLY
# SUDOKU

## VOLUME 2

### 150 FAST, FUN PUZZLES

EDITED BY
## WILL SHORTZ

PUZZLES BY
## PZZL.COM

St. Martin's Paperbacks

WILL SHORTZ PRESENTS SIMPLY SUDOKU VOL. 2

Copyright © 2007 by Will Shortz.

The puzzles in this volume have previously appeared in *Will Shortz Presents Let's Play Sudoku: Take It Easy; Will Shortz Presents Sleepless with Sudoku;* and *Will Shortz Presents Sudoku to Soothe Your Soul.*

ISBN: 0-312-94755-0
EAN: 978-0-312-94755-2

Printed in the United States of America

St. Martin's Paperbacks edition / December 2007

St. Martin's Paperbacks are published by St. Martin's Press, 175 Fifth Avenue, New York, NY 10010.

10 9 8 7 6 5 4 3 2 1

# Introduction

Throughout the history of puzzles and games, many of the biggest successes have come as complete surprises, because they've broken all the "rules."

Parker Bros. famously turned down the rights to the game Monopoly in 1934, because it had "52 design errors." It was too complicated, they said, it had too many pieces, and it took too long to play. So the inventor, Charles B. Darrow, produced and sold 5,000 handmade copies of Monopoly, they quickly sold out, and—once Parker Bros. finally bought the rights—it became the biggest game hit of 1935.

Similarly, the "experts" initially pooh-poohed Scrabble, Trivial Pursuit, crossword puzzles, and many other game and puzzle successes over the years.

Hardly anyone thought sudoku would be popular when it was introduced in Britain in late 2004 and the U.S. in 2005. The public was not interested in number puzzles, according to conventional wisdom. Yet we all know what happened. In less than a year, sudoku has become one of the most popular puzzles in history. Virtually every newspaper has made room for a daily sudoku, sudoku books have been bestsellers for six straight months, and sudoku tournaments have been held across the country and around the world. Language Report named "sudoku" the Word of the Year for 2005.

The craze goes on, and, to everyone's surprise, shows little sign of abating.

## What's So Great About Sudoku?

The appeal of sudoku comes partly from the simplicity of the rules, which can be stated in a single sentence, and the compactness of the grid, just $9 \times 9$ squares—combined with some unexpectedly subtle logic. Even longtime enthusiasts may not understand all the techniques needed to work it. Sudoku packs a lot of punch for so small a feature.

Sudoku is a flexible puzzle. It can be easy, medium, or hard, which you can select according to your skills and mood. And the amount of time needed to solve one—generally between 10 and 30 minutes, for most people for most puzzles—is about perfect in order to feed a daily addiction. If sudoku took less time, it wouldn't pose enough challenge, and if it took more, you might lose interest or simply not be able to fit sudoku into your schedule.

Like crosswords, sudoku puzzles have blank squares that are inviting to fill in. It's said nature abhors a vacuum. We as human beings seem to have a natural compulsion to fill up empty spaces. A sudoku addict has difficulty turning a page that has empty puzzle squares begging to be completed.

Sudoku also provides an appealing rhythm of solving. Generally the first few numbers are easy to enter. Then, in the harder examples at least, you can get stymied and maybe a bit frustrated. Once you make the critical breakthrough (or breakthroughs), though, the final numbers can come quickly, giving you a rush and a heady sense of achievement—often tempting you to start another sudoku immediately. Hence the addictiveness of sudoku, which is the "crack cocaine" of puzzles.

## New Challenges

On the following pages are 150 absolutely top-quality sudoku puzzles rated easy (#1–#130), and moderate (#131–#150). Every one has been checked, rechecked, and then re-rechecked to ensure that it has a unique solution, and that it can be solved using step-by-step logic. You never have to guess here.

As usual, all the puzzles in this book were created by my colleague Peter Ritmeester and the staff of PZZL.com.

Try them. And as one correspondent wrote me recently, you, too, will go "sudoku kuku."

—Will Shortz

# How to Solve Sudoku

A sudoku puzzle consists of a 9 × 9–square grid subdivided into nine 3 × 3 boxes. Some of the squares contain numbers. The object is to fill in the remaining squares so that every row, every column, and every 3 × 3 box contains each of the numbers from 1 to 9 exactly once.

Solving a sudoku puzzle involves pure logic. No guesswork is needed—or even desirable. Getting started involves mastering just a few simple techniques.

Take the example on this page (in which we've labeled the nine 3 × 3 boxes A to I as shown). Note that the boxes H and I already have 8's filled in, but box G does not. Can you determine where the 8 goes here?

| 5 | 8 | 6 |   |   |   |   | 1 | 2 |
|---|---|---|---|---|---|---|---|---|
|   |   |   | 5 | 2 | 8 | 6 |   |   |
| 2 | 4 |   | 8 | 1 |   |   |   | 3 |
|   |   |   | 5 |   | 3 |   | 9 |   |
|   |   |   | 8 | 1 | 2 | 4 |   |   |
| 4 |   | 5 | 6 |   |   | 7 | 3 | 8 |
|   | 5 |   | 2 | 3 |   |   | 8 | 1 |
| 7 |   |   |   | 8 |   |   |   |   |
| 3 | 6 |   |   | 5 |   |   |   |   |

| A | B | C |
|---|---|---|
| D | E | F |
| G | H | I |

The 8 can't appear in the top row of squares in box G, because an 8 already appears in the top row of I—and no number can be repeated in a row. Similarly, it can't appear in the middle row of G, because an 8 already appears in the middle row of H. So, by process of elimination, an 8 must appear in the bottom row of G. Since only one square in this row is empty—next to the 3 and 6—you have your first answer. Fill in an 8 to the right of the 6.

Next, look in the three left-hand boxes of the grid, A, D, and G. An 8 appears in both A and G (the latter being the one you just entered). In box A, the 8 appears in the middle column, while in G the 8 appears on the right. By elimination, in box D, an 8 must go in the leftmost column. But which square? The column here has two squares open.

The answer is forced by box E. Here an 8 appears in the middle row. This means an 8 cannot appear in the middle row of D. Therefore, it must appear in the top row of the leftmost column of D. You have your second answer.

In solving a sudoku, build on the answers you've filled in as far as possible—left, right, up, and down—before moving on.

For a different kind of logic, consider the sixth row of numbers—4, ?, 5, 6, ?, ?, 7, 3, 8. The missing numbers must be 1, 2, and 9, in some order. The sixth square can't be a 1, because box E already has a 1. And it can't be a 2, because a 2 already appears in the sixth column in box B. So the sixth square in the sixth row has to be a 9. Fill this in.

Now you're left with just 1 and 2 for the empty squares of this row. The fifth square can't be a 1, because box E already has a 1. So the fifth square must be a 2. The second square, by elimination, has a 1. Voilà! Your first complete row is filled in.

Box E now has only two empty squares, so this is a good spot to consider next. Only the 4 and 7 remain to be filled in. The leftmost square of the middle row can't be a 4, because a 4 already appears in this row in box F. So it must be 7. The remaining square must be 4. Your first complete box is done.

One more tip, and then you're on your own.

Consider 3's in the boxes A, B, and C. Only one 3 is filled in—in the third row, in box C. In box A you don't have enough information to fill in a 3 yet. However, you know the 3 can't appear in A's bottom row, because 3 appears in the bottom row of C. And it can't appear in the top row, because that row is already done. Therefore, it must appear in the middle row. Which square you don't know yet. But now, by elimination, you do know that in box B a 3 must appear in the top row. Specifically, it must appear in the fourth column, because 3's already appear in the fifth and sixth columns of E and H. Fill this in.

Following logic, using these and other techniques left for you to discover, you can work your way around the grid, filling in the rest of the missing numbers. The complete solution is shown below.

| 5 | 8 | 6 | 3 | 7 | 4 | 9 | 1 | 2 |
|---|---|---|---|---|---|---|---|---|
| 1 | 3 | 7 | 9 | 5 | 2 | 8 | 6 | 4 |
| 2 | 4 | 9 | 8 | 1 | 6 | 5 | 7 | 3 |
| 8 | 7 | 2 | 5 | 4 | 3 | 1 | 9 | 6 |
| 6 | 9 | 3 | 7 | 8 | 1 | 2 | 4 | 5 |
| 4 | 1 | 5 | 6 | 2 | 9 | 7 | 3 | 8 |
| 9 | 5 | 4 | 2 | 3 | 7 | 6 | 8 | 1 |
| 7 | 2 | 1 | 4 | 6 | 8 | 3 | 5 | 9 |
| 3 | 6 | 8 | 1 | 9 | 5 | 4 | 2 | 7 |

Remember, don't guess. Be careful not to repeat a number where you shouldn't, because a wrong answer may force you to start over. And don't give up. Soon you'll be a sudoku master!

Will Shortz Presents

# SIMPLY
# SUDOKU
## VOLUME 2

### 150 FAST, FUN PUZZLES

| 2 | 1 | 9 | 7 | 4 | 5 |   |   | 3 |
|---|---|---|---|---|---|---|---|---|
| 8 |   | 4 |   | 6 |   |   |   | 9 |
| 6 |   | 7 |   | 8 |   |   |   |   |
| 4 | 6 | 5 | 3 | 7 |   |   |   |   |
| 3 | 8 | 2 |   | 5 | 6 |   |   | 7 |
| 9 | 7 | 1 | 4 | 2 | 8 |   | 3 |   |
| 5 | 4 | 8 | 6 | 1 | 7 | 3 | 9 | 2 |
| 7 | 9 | 6 | 8 | 3 | 2 | 1 |   |   |
| 1 | 2 | 3 | 5 | 9 | 4 |   |   | 8 |

## Light and Easy

| | 3 | | 6 | 1 | | | 2 | |
|---|---|---|---|---|---|---|---|---|
| | | 7 | | 8 | | | | 9 |
| | | | | | | 5 | | |
| | | | | | | | 9 | |
| 8 | 7 | | 3 | 2 | | | 5 | 6 |
| 5 | 6 | | | | | | | |
| | | | | | 9 | 3 | 6 | |
| 4 | | | | | 5 | | 1 | |
| 7 | | 6 | 4 | | | 2 | | |

|   |   | 1 |   |   |   | 2 |   |   |
|---|---|---|---|---|---|---|---|---|
|   | 8 | 3 |   | 1 |   |   |   | 5 |
|   |   |   |   |   | 3 | 1 |   | 7 |
|   | 9 | 4 |   |   |   |   | 7 |   |
| 3 | 1 | 7 |   | 8 |   |   |   |   |
|   | 6 |   |   | 3 |   |   | 9 |   |
| 1 |   | 2 |   |   | 5 | 9 |   | 6 |
| 4 |   |   |   | 9 | 1 |   |   |   |
|   | 5 | 8 |   |   | 4 |   | 1 | 2 |

|   | 4 |   | 2 |   |   | 1 | 9 |   |
|---|---|---|---|---|---|---|---|---|
|   |   |   |   |   |   |   |   |   |
|   |   | 6 |   | 9 | 7 |   | 5 | 8 |
|   | 8 | 9 | 3 |   | 1 | 4 |   |   |
|   | 1 |   | 9 | 4 |   |   | 2 |   |
|   |   |   |   | 8 | 5 |   |   |   |
|   | 6 | 2 |   |   |   |   |   |   |
|   |   |   | 8 |   |   | 5 | 6 |   |
|   |   | 3 |   |   |   |   | 4 | 2 |

| 4 |   | 6 | 2 |   | 8 | 7 | 5 |   |
|---|---|---|---|---|---|---|---|---|
|   |   | 3 |   | 9 | 7 | 1 |   | 6 |
| 7 |   |   | 1 |   |   | 2 | 3 |   |
|   | 4 | 5 |   |   | 3 |   |   |   |
|   | 8 | 2 | 7 | 6 |   | 9 | 4 | 5 |
| 6 |   |   |   |   |   | 3 |   |   |
|   |   |   |   |   |   |   |   | 7 |
|   |   | 7 | 5 | 1 | 4 |   | 6 |   |
|   |   | 1 | 6 |   | 2 |   |   | 3 |

| | 6 | | 7 | | | | 4 | |
|---|---|---|---|---|---|---|---|---|
| | | | | 3 | | | | |
| 1 | | 9 | | | | | | |
| | 7 | 1 | | | 8 | 6 | 5 | |
| | | | | 1 | 4 | | | 3 |
| | | | 5 | | 7 | | | |
| 5 | | | | 4 | | 7 | 6 | |
| 8 | 2 | 4 | 1 | 7 | 6 | | | |
| 7 | 9 | | 2 | | 3 | 8 | | 4 |

|   |   |   | 4 |   |   |   |   | 5 |
|---|---|---|---|---|---|---|---|---|
| 5 |   | 8 |   |   | 7 |   |   | 6 |
|   |   |   |   |   |   |   |   | 2 |
|   | 4 |   | 7 | 9 | 5 |   | 3 |   |
|   |   | 7 | 1 | 6 |   |   |   | 4 |
|   | 5 |   | 8 |   |   |   |   |   |
|   | 7 | 3 |   |   | 2 | 6 |   | 8 |
|   | 6 |   | 9 | 3 |   |   |   |   |
|   | 8 | 2 |   |   |   |   | 5 |   |

|   | 8 |   |   |   | 6 |   |   |   |
|---|---|---|---|---|---|---|---|---|
|   | 7 |   |   | 5 |   |   | 9 |   |
| 2 |   | 3 |   | 4 |   |   | 8 |   |
|   |   |   |   |   |   |   |   |   |
|   |   |   |   | 6 |   | 2 | 4 |   |
|   | 5 |   |   | 3 |   | 8 |   | 7 |
| 5 |   |   |   |   | 9 | 1 |   |   |
| 7 | 3 | 1 |   |   |   |   |   |   |
|   | 9 |   |   |   |   | 3 | 2 | 6 |

| 1 | 7 |   |   |   |   |   |   | 4 |
|---|---|---|---|---|---|---|---|---|
| 2 |   |   | 7 | 5 |   | 6 |   | 1 |
|   | 6 |   |   |   |   | 2 |   | 7 |
|   | 3 | 7 |   |   | 2 | 9 |   |   |
| 9 | 1 |   |   |   |   |   |   |   |
| 8 | 5 |   | 6 | 7 |   | 4 |   |   |
|   |   |   | 2 |   | 4 |   |   |   |
|   |   |   | 5 | 9 | 7 |   | 4 | 2 |
| 7 |   |   |   |   | 8 | 3 | 5 |   |

|   |   |   | 3 | 1 |   | 9 | 2 |   |
|---|---|---|---|---|---|---|---|---|
|   |   |   |   |   |   |   |   | 4 |
|   |   |   |   | 5 | 4 | 6 |   |   |
|   | 8 |   | 7 |   |   | 2 |   |   |
| 4 |   | 9 |   |   |   |   |   | 7 |
|   |   |   |   | 6 | 8 |   | 3 |   |
|   |   | 3 |   |   |   |   |   |   |
| 9 | 6 | 8 |   |   | 7 |   | 5 |   |
|   | 2 | 1 |   | 3 | 9 | 4 |   | 6 |

|   |   |   |   | 6 |   | 9 |   |   |
|---|---|---|---|---|---|---|---|---|
| 9 |   |   |   | 4 |   | 2 |   |   |
|   |   |   |   | 1 |   | 8 |   | 3 |
|   | 2 |   |   |   |   |   | 3 |   |
|   | 4 | 3 | 8 |   | 7 |   |   |   |
|   |   | 8 |   |   |   | 6 |   |   |
|   |   | 1 | 2 |   |   |   | 8 |   |
|   | 9 | 6 |   |   |   |   |   | 1 |
| 3 |   |   | 1 | 9 |   |   |   | 2 |

Light and Easy

|   |   |   |   |   |   | 4 |   |   |
|---|---|---|---|---|---|---|---|---|
|   | 7 |   |   | 9 | 6 | 8 | 1 |   |
|   |   |   |   |   | 5 | 7 |   | 6 |
|   |   |   | 8 |   |   | 1 | 3 | 5 |
|   | 4 | 9 |   |   |   |   |   | 2 |
|   |   | 1 |   |   |   |   |   |   |
|   | 3 |   | 1 | 2 |   |   |   | 4 |
|   | 1 |   |   | 3 |   |   |   |   |
|   | 2 | 5 | 4 | 6 | 9 |   |   |   |

| 3 |   |   |   |   | 6 |   |   |   |
|---|---|---|---|---|---|---|---|---|
| 8 |   |   | 7 | 1 |   | 2 | 5 |   |
|   |   |   |   | 8 |   |   |   | 3 |
| 9 | 4 |   |   |   |   | 8 |   |   |
| 6 |   |   |   |   | 9 |   |   | 1 |
|   | 7 | 3 |   | 6 | 4 |   |   | 5 |
|   |   |   | 5 |   |   | 3 |   | 7 |
|   |   |   |   |   |   | 6 |   |   |
| 2 | 8 |   | 4 |   |   |   |   |   |

## Light and Easy

|   | 4 |   |   | 3 |   |   | 7 |   |
|---|---|---|---|---|---|---|---|---|
|   | 1 |   |   |   |   | 6 |   | 4 |
|   |   |   |   |   | 2 |   | 3 |   |
| 9 | 8 |   | 7 |   | 3 | 4 |   |   |
|   |   | 2 |   | 4 |   |   |   |   |
|   | 7 | 5 |   |   | 9 | 1 |   |   |
| 1 |   |   |   | 8 |   |   | 4 |   |
| 3 | 2 |   |   | 9 | 4 |   |   | 6 |
|   |   | 4 |   | 6 |   |   |   | 5 |

|   |   | 3 |   |   |   |   |   |   |
|---|---|---|---|---|---|---|---|---|
|   |   | 1 |   |   | 8 |   |   |   |
| 8 |   |   | 7 |   | 9 | 2 | 6 |   |
| 6 | 5 |   | 1 |   | 4 | 3 |   | 8 |
| 4 |   | 9 |   |   |   |   |   |   |
| 3 |   |   |   |   | 5 |   |   | 9 |
| 5 |   | 7 | 6 |   |   | 9 |   | 4 |
|   |   |   |   |   |   | 6 |   |   |
|   |   |   | 4 |   |   |   | 8 | 5 |

Light and Easy

|   | 9 | 7 |   |   |   |   |   |   |
|---|---|---|---|---|---|---|---|---|
| 2 |   |   |   |   |   |   |   |   |
|   | 3 |   | 9 |   | 5 |   | 4 |   |
|   |   | 9 |   |   |   |   |   | 6 |
|   | 7 | 6 |   | 1 |   |   |   | 9 |
|   | 8 | 4 | 6 | 7 |   | 2 |   |   |
| 9 | 5 |   |   |   | 7 | 6 | 2 |   |
|   |   |   |   |   | 4 | 1 | 3 |   |
|   |   |   | 6 | 8 | 9 |   |   |   |

| 9 | 1 | 5 | 3 |   |   |   |   |   |
|---|---|---|---|---|---|---|---|---|
|   |   | 8 |   |   | 9 | 3 | 5 | 2 |
|   |   | 6 | 5 |   | 8 | 1 |   |   |
|   | 7 |   |   | 8 |   |   | 3 |   |
|   |   |   | 2 |   |   |   |   |   |
| 5 |   | 2 |   | 4 |   | 9 | 7 | 1 |
|   |   |   |   |   | 2 | 5 |   |   |
|   |   |   |   |   |   |   |   |   |
|   | 2 | 1 |   |   | 5 | 7 |   | 8 |

| 9 |   | 3 | 1 | 8 |   |   |   | 2 |
|---|---|---|---|---|---|---|---|---|
|   | 1 |   | 9 | 2 |   | 4 | 8 | 3 |
|   |   |   | 7 | 3 | 5 |   | 1 |   |
|   |   | 8 |   |   |   | 6 | 3 |   |
|   |   |   |   |   | 9 | 5 | 4 |   |
| 3 | 7 |   |   |   |   | 2 |   |   |
|   | 3 |   | 8 |   |   |   | 2 |   |
|   |   | 1 | 6 | 9 |   |   | 7 | 4 |
| 7 |   |   | 2 |   | 1 | 3 |   | 9 |

|   |   | 3 |   |   |   |   | 5 |   |
|---|---|---|---|---|---|---|---|---|
| 1 |   |   |   |   | 3 |   |   |   |
| 8 |   | 9 | 7 |   |   |   | 3 | 2 |
| 2 |   | 7 |   | 1 | 9 |   | 4 |   |
|   | 9 |   |   | 8 |   |   |   | 6 |
|   |   |   |   |   | 2 |   |   | 3 |
|   | 4 |   | 8 |   |   |   |   |   |
|   |   |   |   |   | 7 |   |   | 5 |
| 7 | 5 |   |   |   | 1 |   | 2 |   |

| 8 |   | 2 |   |   |   | 3 |   | 7 |
|---|---|---|---|---|---|---|---|---|
|   |   | 6 |   |   | 7 |   | 5 |   |
|   |   |   |   |   |   | 9 |   |   |
| 1 |   | 5 |   |   |   | 4 | 8 | 6 |
| 3 |   |   | 4 |   |   |   |   |   |
| 6 |   |   |   | 1 | 8 | 5 |   |   |
| 2 |   | 8 | 9 |   |   |   |   |   |
|   | 3 |   | 6 | 4 |   |   |   | 5 |
| 7 |   |   |   |   |   |   | 9 | 1 |

| | 6 | 5 | | 7 | 9 | 3 | | |
|---|---|---|---|---|---|---|---|---|
| | 7 | | | 1 | 6 | 9 | | 4 |
| 4 | | | | | | | | |
| | 8 | | 5 | | | 6 | | 9 |
| | | 2 | | | 7 | 4 | | |
| | 9 | 3 | | | | | 8 | |
| 8 | | | | 9 | 2 | 5 | | |
| 9 | 2 | 1 | | | | | 4 | 7 |
| 5 | | | | 4 | | | | |

| 1 | 7 |   |   |   |   |   | 9 |   |
|---|---|---|---|---|---|---|---|---|
|   | 3 |   | 2 |   | 9 |   |   | 6 |
| 6 |   | 5 |   |   |   |   |   |   |
|   |   |   |   | 7 |   |   |   | 8 |
| 8 | 6 |   |   | 4 |   |   |   |   |
|   | 4 | 9 |   | 3 |   |   |   |   |
|   | 5 |   |   |   |   |   |   | 1 |
|   |   |   |   | 1 |   | 2 | 7 | 3 |
|   |   |   | 3 |   | 4 |   |   |   |

|   |   | 4 | 2 | 8 |   |   | 1 |   |
|---|---|---|---|---|---|---|---|---|
| 6 | 5 |   |   |   |   |   |   | 7 |
|   | 2 |   | 9 | 7 | 5 |   |   | 8 |
|   | 4 |   |   | 9 | 3 |   |   |   |
|   |   | 5 |   | 1 | 8 | 7 |   |   |
|   | 1 | 7 |   |   |   | 9 | 3 |   |
|   |   |   |   |   |   |   | 4 |   |
| 4 |   | 1 |   |   |   |   |   |   |
|   | 6 |   | 3 | 2 |   |   |   | 5 |

Light and Easy

|   |   |   |   |   |   |   |   | 8 |
|---|---|---|---|---|---|---|---|---|
| 9 |   |   |   | 4 |   |   |   |   |
|   |   |   |   | 8 | 2 |   | 6 | 1 |
|   |   | 3 |   |   | 4 | 7 |   |   |
|   |   |   | 9 |   |   | 5 |   | 6 |
|   |   |   |   |   |   |   | 3 |   |
|   | 4 | 6 |   | 5 |   | 8 |   |   |
|   | 3 | 1 |   |   |   | 2 |   | 9 |
|   |   | 5 |   | 7 |   |   |   |   |

|   |   |   | 9 | 6 |   |   |   | 5 |
|---|---|---|---|---|---|---|---|---|
| 9 |   |   |   | 7 | 2 | 8 |   | 1 |
| 4 |   |   | 5 |   | 8 | 9 | 2 |   |
|   | 9 |   |   |   |   |   | 1 |   |
|   | 7 |   |   | 8 | 5 |   |   |   |
|   |   | 1 | 2 |   | 7 |   | 6 | 8 |
| 7 | 6 |   |   |   |   | 4 | 8 |   |
| 8 |   |   | 7 | 4 | 6 | 1 |   |   |
|   | 1 |   | 8 | 5 |   | 6 |   |   |

|   |   |   |   |   | 7 | 3 | 5 |   |
|---|---|---|---|---|---|---|---|---|
| 1 | 4 | 3 | 6 |   |   | 7 |   |   |
|   |   |   | 1 |   |   |   |   |   |
|   |   | 9 |   | 5 |   | 6 |   | 2 |
|   |   | 2 |   |   |   | 5 |   |   |
|   | 3 | 6 |   | 8 | 2 |   |   | 9 |
| 9 |   | 5 | 4 | 2 | 3 |   |   |   |
|   | 2 |   | 5 | 1 |   |   |   |   |
|   |   |   |   |   |   |   |   |   |

| | 9 | | | 4 | | | | 5 |
|---|---|---|---|---|---|---|---|---|
| | | | | 1 | 2 | 7 | | |
| | | 8 | | | | | 6 | 4 |
| | | | 5 | | | | 8 | 1 |
| | | 9 | | | 6 | | | |
| | 5 | | | 2 | 3 | | 4 | |
| | | 5 | | 3 | | 8 | | |
| | 6 | | | | 8 | | | |
| 3 | | 7 | | | 9 | | | |

Light and Easy

| | | | 9 | | | | 4 | |
|---|---|---|---|---|---|---|---|---|
| | 4 | 5 | 6 | | | | 1 | |
| 7 | | 6 | 4 | | | | | |
| | | | | | | | 3 | 5 |
| | 6 | | | | | 1 | | 9 |
| | | 8 | | | | | | |
| | | | | | 8 | | | 3 |
| 2 | | | | | | 7 | | |
| 1 | 7 | | | | 3 | 6 | | 8 |

|   |   | 9 |   |   | 5 |   | 3 |   |
|---|---|---|---|---|---|---|---|---|
| 3 | 2 |   |   | 8 |   | 4 | 1 |   |
|   | 1 |   | 7 |   |   |   |   | 8 |
| 5 | 7 |   |   |   | 8 |   | 2 |   |
| 8 |   | 3 | 6 | 5 |   |   |   | 1 |
|   |   |   |   | 7 | 4 |   | 5 |   |
|   | 6 |   |   |   |   |   |   |   |
|   |   |   |   | 6 | 1 | 2 | 4 | 7 |
|   |   | 2 |   |   |   | 1 | 6 |   |

|   |   | 7 |   | 8 |   |   |   |   |
|---|---|---|---|---|---|---|---|---|
| 1 | 4 | 2 |   |   |   | 3 | 5 |   |
|   |   |   |   |   |   |   |   | 2 |
|   | 8 |   | 6 |   |   | 9 | 7 | 3 |
| 3 |   |   |   |   |   |   |   |   |
| 6 |   |   | 3 |   |   | 4 |   | 9 |
| 9 |   |   |   | 1 | 7 |   |   |   |
|   |   | 5 |   |   | 9 | 2 | 1 |   |

| | 9 | 3 | | | | 6 | 8 | |
|---|---|---|---|---|---|---|---|---|
| | | 1 | | | | | 5 | 2 |
| | | | | | 3 | | | |
| | | | 7 | | | | | |
| 6 | | 2 | | | | 4 | 9 | |
| | | | 9 | | 2 | | | 1 |
| | 2 | | | | 7 | | | |
| | 8 | | | | 6 | 5 | 2 | 4 |
| | 5 | | 8 | | 9 | | 6 | |

| 7 |   | 9 |   | 2 | 1 |   | 3 |   |
|---|---|---|---|---|---|---|---|---|
|   | 1 |   |   |   |   |   |   | 6 |
| 8 |   |   |   |   |   |   |   |   |
|   | 8 | 5 |   |   |   | 7 |   |   |
|   | 9 |   |   | 1 |   | 6 | 5 | 2 |
|   | 6 |   | 7 |   | 9 |   |   |   |
|   |   |   | 5 |   | 4 |   | 1 |   |
|   |   |   | 7 |   |   | 8 |   | 9 |
|   |   |   |   | 9 | 2 |   | 4 | 3 |

| | 3 | 9 | | | 5 | | 1 | 2 |
|---|---|---|---|---|---|---|---|---|
| | | 4 | | | | | | 8 |
| | 5 | | 4 | 2 | | 9 | 7 | |
| 9 | | 2 | | 8 | | | 3 | 6 |
| | 6 | 3 | 9 | | 2 | | 8 | |
| | | | 6 | | | | | 4 |
| | | 1 | | 7 | | | | 5 |
| | 2 | | | 1 | | | | 7 |
| 4 | | | 5 | | 6 | | | |

|   |   |   |   | 1 |   | 7 |   | 5 |
|---|---|---|---|---|---|---|---|---|
|   | 9 |   | 5 |   | 2 | 6 |   | 1 |
|   |   | 6 |   |   | 7 |   | 4 |   |
|   | 8 | 4 |   |   | 9 |   |   | 7 |
| 9 |   | 2 |   | 8 |   |   | 1 |   |
|   |   | 1 |   |   | 6 |   |   |   |
|   |   |   | 8 |   | 5 | 1 |   |   |
| 7 |   |   |   |   | 4 |   | 6 | 3 |
| 3 |   |   | 7 |   | 1 |   | 5 | 4 |

| 9 |   | 3 |   |   |   | 6 |   |   |
|---|---|---|---|---|---|---|---|---|
|   |   |   | 8 |   | 1 | 7 | 5 |   |
| 5 |   |   |   | 6 |   | 4 |   |   |
| 2 |   | 7 | 3 | 1 |   |   | 6 |   |
|   |   | 9 | 4 |   | 7 |   | 8 |   |
|   | 8 |   | 9 |   |   | 2 |   | 4 |
| 7 |   | 6 |   |   |   |   |   |   |
|   |   |   |   | 3 |   |   |   |   |
|   |   |   | 6 |   |   | 8 |   | 7 |

| 9 |   |   | 4 | 7 |   |   |   | 2 |
|---|---|---|---|---|---|---|---|---|
| 6 | 3 | 8 | 9 |   | 2 |   | 7 |   |
|   |   | 4 |   | 1 |   |   | 9 | 3 |
|   |   |   |   |   | 4 |   |   | 7 |
| 8 |   |   | 1 |   | 7 |   |   |   |
| 5 |   | 1 | 3 | 6 |   | 4 | 2 |   |
|   |   |   |   |   | 8 | 9 | 3 |   |
|   |   |   |   |   |   |   |   | 6 |
|   | 6 |   |   | 9 |   | 7 |   |   |

|   |   |   | 4 |   | 6 |   | 3 |   |
|---|---|---|---|---|---|---|---|---|
| 9 |   |   |   |   | 8 |   |   |   |
|   | 6 | 5 |   | 9 |   | 4 |   | 7 |
|   |   | 1 |   | 2 | 7 |   |   |   |
| 7 |   |   |   |   |   | 6 |   |   |
|   |   |   |   |   |   | 5 | 7 |   |
| 1 |   |   | 5 | 8 | 2 |   | 6 |   |
|   |   | 2 |   | 4 |   |   |   | 8 |
|   | 8 |   | 3 | 6 |   | 7 |   | 5 |

|   | 9 | 4 | 2 |   |   | 7 |   |   |
|---|---|---|---|---|---|---|---|---|
|   |   |   | 9 |   |   |   |   | 8 |
| 8 | 3 |   |   |   | 6 |   | 9 | 4 |
|   | 5 |   | 1 |   | 7 | 9 |   |   |
|   |   | 2 |   | 9 |   |   | 1 | 5 |
| 9 |   | 3 |   | 2 |   | 4 | 6 |   |
| 1 |   |   |   | 6 |   |   |   | 9 |
| 3 | 6 |   |   |   |   |   |   | 1 |
| 2 | 4 |   | 5 | 1 | 9 | 6 |   | 3 |

|   |   | 8 |   |   |   |   | 4 | 6 |
|---|---|---|---|---|---|---|---|---|
|   | 9 |   | 6 |   |   | 1 | 5 |   |
| 2 |   |   |   | 3 | 1 |   |   | 8 |
| 3 | 7 |   | 2 | 1 |   |   |   |   |
|   | 4 | 1 |   |   | 9 |   | 8 | 2 |
|   | 8 |   |   | 4 |   |   |   | 7 |
|   | 6 |   |   | 2 | 7 |   |   | 9 |
|   | 2 |   |   |   | 6 |   |   | 1 |
| 7 |   |   | 8 |   |   |   |   |   |

Light and Easy

| | 2 | | 9 | 8 | | 3 | | 4 |
|---|---|---|---|---|---|---|---|---|
| | 9 | 8 | | | 4 | | 7 | 6 |
| 1 | | | 6 | | | 8 | | 2 |
| | | | 7 | | | 1 | | 5 |
| | | 6 | | 3 | 5 | | | |
| | 3 | | | 2 | | | | |
| 8 | 6 | | 3 | | 9 | 7 | | |
| | | 9 | | | 2 | 4 | | |
| | | | | | | | | |

|   | 1 |   | 7 |   | 8 |   | 3 |   |
|---|---|---|---|---|---|---|---|---|
|   |   | 8 |   |   |   | 4 |   | 7 |
| 6 |   |   | 9 | 5 | 4 |   |   | 8 |
| 9 |   |   | 1 | 7 | 6 |   |   |   |
|   | 6 |   | 3 | 4 |   |   |   |   |
|   | 3 | 5 | 8 |   |   |   |   |   |
| 3 | 4 |   |   |   |   | 7 |   |   |
|   | 8 |   |   |   |   | 3 | 4 | 9 |
|   |   |   |   |   |   | 5 |   |   |

Light and Easy

| 7 |   | 8 | 2 |   |   | 9 |   |   |
|---|---|---|---|---|---|---|---|---|
| 2 | 9 |   | 6 | 4 |   |   |   | 7 |
|   |   | 6 |   | 7 | 8 |   |   | 5 |
|   |   | 9 |   |   |   |   |   | 6 |
|   |   |   |   | 1 | 6 | 3 |   | 8 |
|   |   |   |   |   |   |   |   |   |
|   |   |   |   | 8 | 5 |   |   | 3 |
| 5 |   | 7 |   |   | 4 |   |   |   |
| 6 |   | 3 | 7 |   | 2 |   | 4 |   |

| | 2 | | | | 9 | 1 | | |
|---|---|---|---|---|---|---|---|---|
| | | 5 | 8 | | | | | |
| | 4 | 3 | | 1 | | 5 | | |
| 6 | | 9 | 4 | | | | | 5 |
| 7 | 5 | | | | 8 | 3 | 2 | |
| | 8 | | | | | | 4 | |
| | | | | 8 | | 6 | 3 | 9 |
| | | | | 6 | 1 | | | |
| | 3 | | | 7 | | | 1 | 4 |

|   |   | 7 | 9 |   |   |   |   | 1 |
|---|---|---|---|---|---|---|---|---|
| 3 |   |   | 2 |   | 7 | 9 |   | 4 |
|   | 9 |   | 3 |   |   |   |   |   |
|   |   |   |   | 4 | 8 | 2 |   | 9 |
| 9 | 1 | 5 |   |   |   |   |   |   |
|   |   |   |   | 7 |   | 3 | 1 |   |
|   | 3 |   |   |   |   |   | 6 | 5 |
| 8 |   | 6 | 4 |   |   |   | 9 |   |
|   | 7 |   |   |   |   | 1 |   |   |

| 8 |   |   |   |   |   |   | 7 | 3 |
|---|---|---|---|---|---|---|---|---|
| 3 |   |   | 8 | 9 |   |   |   | 1 |
| 1 |   | 7 | 2 | 3 | 6 |   | 8 |   |
|   |   | 3 | 4 | 2 |   |   |   |   |
| 2 |   |   |   |   |   |   |   | 5 |
| 4 |   |   |   |   |   | 6 | 2 | 8 |
| 5 |   | 8 |   | 4 | 2 |   |   | 6 |
|   |   | 6 |   | 8 |   |   | 9 |   |
|   |   | 2 | 7 |   |   |   |   |   |

Light and Easy

| 9 |   | 4 |   |   |   | 2 |   |   |
|---|---|---|---|---|---|---|---|---|
| 3 |   |   |   | 8 |   |   |   |   |
| 7 | 2 |   | 6 | 9 |   |   | 1 | 4 |
|   |   |   |   | 5 |   |   |   | 3 |
|   | 7 |   | 2 | 6 | 4 | 1 |   |   |
| 2 | 8 | 9 | 3 |   |   |   |   | 5 |
| 6 | 9 |   | 7 |   | 8 |   |   |   |
| 8 |   | 2 |   |   |   | 6 |   | 7 |
| 1 |   |   | 5 | 3 |   |   |   | 2 |

|   |   | 9 | 6 | 1 | 2 | 8 |   | 4 |
|---|---|---|---|---|---|---|---|---|
| 1 |   |   |   | 7 | 5 | 9 | 2 | 3 |
|   | 8 | 5 |   |   | 4 |   |   |   |
|   |   |   | 5 |   |   | 6 |   | 1 |
|   |   |   | 3 | 9 |   | 2 |   | 5 |
|   | 9 |   | 2 |   | 8 |   |   |   |
|   |   |   |   |   |   |   | 6 |   |
| 4 |   |   | 1 | 8 | 6 | 3 | 7 | 9 |
|   | 1 |   |   | 2 | 9 |   |   |   |

Light and Easy

|   | 7 | 2 | 1 | 6 | 5 |   | 3 |   |
|---|---|---|---|---|---|---|---|---|
| 1 |   |   | 2 | 8 |   |   |   | 5 |
| 9 |   |   |   |   | 7 |   |   |   |
| 5 |   |   |   | 2 | 4 |   | 1 |   |
|   |   |   |   |   | 6 | 4 |   | 7 |
|   | 1 |   | 7 |   |   | 2 | 8 |   |
| 6 | 9 |   |   | 3 |   |   | 7 | 8 |
|   | 5 |   |   |   |   |   |   | 2 |
| 7 |   | 8 |   |   | 1 | 5 |   |   |

| | | | | | | | | |
|---|---|---|---|---|---|---|---|---|
| | | | | | | | | |
| 4 | | | | 3 | | 6 | 2 | |
| | 2 | | 1 | | 4 | | 7 | |
| | | 4 | | 2 | | 7 | 3 | |
| | | | | 5 | 7 | | | |
| 5 | 8 | | | 9 | | | | 6 |
| | 9 | | 3 | | | | | |
| | | | | | | 5 | 9 | |
| | | | 6 | 2 | | | 8 | 3 |

| 1 | 3 |   |   | 5 |   |   |   | 2 |
|---|---|---|---|---|---|---|---|---|
|   |   |   | 2 |   |   |   |   | 1 |
| 9 | 2 |   | 4 |   |   | 8 | 6 | 3 |
| 2 |   | 1 |   | 7 |   |   |   |   |
|   |   |   |   |   |   |   | 3 | 9 |
| 6 |   | 3 | 9 | 8 | 2 | 1 |   | 7 |
| 7 | 5 |   | 8 |   | 9 |   |   | 6 |
|   |   | 4 |   | 2 |   | 9 |   |   |
| 8 |   | 9 |   |   | 1 | 7 |   | 4 |

|   |   |   |   | 4 |   |   | 8 |   |
|---|---|---|---|---|---|---|---|---|
|   | 5 |   |   | 9 | 7 |   |   |   |
| 9 |   | 2 |   |   |   | 5 |   |   |
|   |   |   |   |   | 3 | 4 | 1 | 7 |
|   | 7 | 4 |   |   |   |   | 2 | 5 |
| 6 |   |   |   | 7 | 5 |   |   |   |
|   |   | 9 | 8 |   | 6 |   |   | 1 |
|   |   |   |   |   | 2 |   | 5 |   |
|   |   |   | 1 |   |   |   | 9 |   |

|   | 5 |   | 7 | 4 |   |   |   | 9 |
|---|---|---|---|---|---|---|---|---|
|   | 3 |   |   |   |   |   |   |   |
|   |   |   | 8 | 5 |   |   |   |   |
|   | 6 | 5 |   |   |   | 2 | 1 |   |
|   | 9 | 4 | 6 |   | 5 | 8 |   |   |
|   | 7 |   |   | 1 | 8 | 6 |   |   |
| 5 |   |   |   | 7 |   |   |   |   |
|   |   |   | 1 |   |   | 7 |   | 6 |
|   | 8 | 2 |   |   | 4 | 9 |   |   |

|   | 3 |   | 6 | 7 |   |   |   | 5 |
|---|---|---|---|---|---|---|---|---|
| 6 |   | 8 |   | 5 |   |   |   | 1 |
|   |   |   |   |   | 2 |   |   |   |
| 4 |   |   |   | 6 |   |   | 5 | 7 |
|   |   |   | 4 |   |   |   |   |   |
|   |   | 7 |   |   | 9 | 4 |   | 2 |
| 5 | 4 |   | 7 | 2 |   | 6 |   |   |
|   |   |   | 1 | 4 | 6 |   |   | 3 |
|   | 6 |   |   | 3 |   |   | 2 |   |

|   | 2 | 7 |   |   | 3 |   |   |   |
|---|---|---|---|---|---|---|---|---|
| 9 | 3 |   | 6 | 1 |   |   |   |   |
|   |   |   | 5 |   |   |   | 3 | 2 |
|   | 9 | 4 |   |   |   | 5 |   | 7 |
| 6 | 5 | 2 |   |   | 4 |   |   | 8 |
| 1 |   |   |   |   | 5 |   | 9 |   |
|   | 4 | 9 | 3 | 5 |   | 1 |   |   |
| 3 |   | 5 | 7 |   |   |   | 8 |   |
|   |   |   |   |   |   | 2 |   |   |

| 6 | 1 |   |   | 3 |   |   |   |   |
|---|---|---|---|---|---|---|---|---|
| 4 |   |   |   |   |   | 3 |   |   |
|   | 7 |   | 9 | 8 | 1 |   |   |   |
|   |   |   |   | 2 |   |   |   | 8 |
|   | 9 |   |   |   | 6 |   |   | 5 |
|   |   |   | 5 |   | 7 | 9 | 1 |   |
|   | 4 | 1 |   | 6 |   |   |   | 3 |
|   |   | 5 |   |   |   |   |   |   |
|   |   |   |   |   | 5 |   | 8 |   |

|   |   |   |   |   |   | 5 | 8 |   |
|---|---|---|---|---|---|---|---|---|
|   | 8 |   |   |   |   |   |   |   |
|   |   | 1 |   |   | 9 | 7 |   |   |
|   |   | 3 | 7 |   | 5 |   |   | 4 |
|   | 2 |   |   | 3 |   |   |   |   |
|   |   | 9 | 2 | 1 | 6 |   |   |   |
| 7 |   | 4 | 9 | 5 |   |   |   |   |
|   | 1 |   |   |   | 7 |   |   | 2 |
|   |   | 2 |   |   |   | 9 |   | 3 |

| 8 |   | 1 | 5 |   | 6 | 7 |   |   |
|   |   | 3 |   |   |   | 5 |   |   |
|   |   | 5 |   |   |   |   | 8 | 9 |
| 3 |   |   |   |   | 5 | 1 |   | 8 |
|   |   | 4 |   | 9 |   | 3 | 5 |   |
|   | 8 | 9 |   | 1 | 2 | 4 | 6 |   |
|   |   |   |   | 5 | 1 |   | 4 |   |
| 7 |   |   |   | 8 | 4 |   | 3 | 5 |
| 4 | 5 | 2 | 6 | 3 |   |   |   |   |

Light and Easy

|   |   | 4 | 6 |   | 5 |   |   | 7 |
|---|---|---|---|---|---|---|---|---|
|   |   |   |   |   |   | 6 |   |   |
|   |   |   |   | 4 | 7 | 2 |   | 8 |
|   |   | 7 |   |   | 2 |   |   |   |
| 1 | 9 |   | 8 |   |   |   |   |   |
| 8 |   | 3 | 7 | 5 |   |   |   | 4 |
|   |   |   |   |   |   |   | 3 |   |
|   |   | 5 |   | 2 | 9 |   |   | 1 |
| 3 |   | 8 |   |   | 1 |   |   | 2 |

|   |   |   |   | 4 |   |   | 1 |   |
|---|---|---|---|---|---|---|---|---|
|   | 8 |   |   |   |   |   |   |   |
| 2 |   | 3 | 1 |   |   | 7 | 6 | 4 |
| 9 |   | 6 | 4 |   |   |   | 8 | 2 |
| 5 |   | 4 |   |   |   |   |   |   |
|   | 2 |   |   |   |   | 4 | 3 |   |
| 6 |   |   |   | 3 |   |   | 2 |   |
|   |   |   | 5 | 8 | 6 | 1 |   |   |
|   |   | 8 |   | 7 |   |   | 5 |   |

Light and Easy

| 8 |   |   |   |   | 7 |   | 3 |   |
|---|---|---|---|---|---|---|---|---|
|   |   |   |   |   |   | 8 |   |   |
| 9 | 2 |   |   | 3 | 8 |   | 1 | 5 |
|   |   |   |   |   |   |   |   | 6 |
|   |   | 2 |   | 8 | 4 | 3 |   |   |
|   |   | 8 | 3 |   |   | 9 |   | 1 |
|   |   | 7 |   |   |   |   |   | 4 |
| 3 | 1 |   | 2 |   | 6 | 5 | 9 | 8 |
|   |   |   | 8 |   | 5 |   |   |   |

|   | 8 |   | 5 |   |   |   |   | 9 |
|---|---|---|---|---|---|---|---|---|
| 4 |   |   | 7 |   | 2 |   |   |   |
|   | 6 |   |   |   | 4 | 8 | 5 |   |
|   | 7 | 2 |   |   |   |   |   |   |
| 8 | 1 |   |   |   |   | 7 |   |   |
|   |   |   |   |   | 7 | 9 |   | 6 |
|   |   |   | 6 |   |   |   | 9 | 8 |
| 5 | 9 | 7 | 8 |   | 1 |   |   | 2 |
|   |   |   |   | 4 |   |   |   | 1 |

| 3 |   |   |   | 1 |   |   | 2 |   |
|---|---|---|---|---|---|---|---|---|
|   |   | 9 |   |   | 8 |   |   |   |
|   |   | 7 | 3 |   |   |   | 9 | 8 |
| 5 |   |   | 4 |   |   |   |   |   |
|   | 2 | 8 |   |   |   | 5 | 4 |   |
|   |   |   | 2 |   | 1 | 3 | 9 | 8 |
| 8 |   |   |   |   | 4 |   | 6 | 5 |
| 4 | 7 |   | 5 |   | 6 |   |   | 9 |
| 6 |   |   |   |   | 3 |   | 1 | 4 |

| 9 |   | 1 |   | 2 |   |   |   |   |
|---|---|---|---|---|---|---|---|---|
|   |   |   |   |   | 1 |   |   |   |
| 2 | 7 | 3 |   |   |   | 5 | 1 | 6 |
| 4 | 3 |   |   | 6 | 5 |   |   |   |
|   | 8 |   |   |   | 7 |   | 6 |   |
|   |   |   |   | 9 |   | 3 |   |   |
|   |   |   | 7 | 5 | 2 |   | 8 |   |
| 3 |   | 2 |   |   |   |   |   | 1 |
|   | 5 | 7 |   |   |   |   | 2 |   |

Light and Easy

|   |   |   | 5 | 2 | 3 |   |   |   |
|---|---|---|---|---|---|---|---|---|
|   | 7 |   |   |   |   |   |   | 9 |
|   |   | 8 |   |   |   |   | 2 | 5 |
| 3 |   | 2 |   | 4 |   | 5 |   | 8 |
| 6 |   | 4 | 2 |   | 5 | 3 | 1 |   |
|   |   |   |   |   | 6 | 2 |   |   |
| 4 | 6 | 9 |   |   |   |   |   |   |
| 5 |   |   |   | 8 |   |   |   | 2 |
|   | 2 | 7 | 3 |   |   | 1 |   |   |

|   |   |   |   |   | 9 |   | 7 |   |
|---|---|---|---|---|---|---|---|---|
|   |   |   | 6 |   |   | 3 | 2 |   |
| 9 | 7 |   | 5 | 2 |   | 1 | 8 |   |
|   |   | 8 | 3 | 9 |   | 7 |   |   |
| 2 |   |   |   |   |   | 8 | 9 |   |
|   |   |   |   | 1 |   |   | 5 |   |
| 1 |   |   |   |   | 3 |   |   |   |
| 4 |   |   | 1 | 5 |   |   |   |   |
|   | 5 |   | 9 |   |   |   | 4 |   |

## Light and Easy

| 7 | 4 | 5 | 9 |   | 8 | 1 |   | 3 |
|---|---|---|---|---|---|---|---|---|
|   | 3 | 8 | 5 |   |   | 4 |   | 2 |
| 9 |   | 2 |   |   | 3 |   |   |   |
|   |   | 9 | 2 |   |   | 3 |   |   |
|   | 5 |   |   | 7 | 9 | 2 |   | 1 |
|   |   | 4 | 6 |   | 1 | 7 | 5 |   |
| 8 | 2 | 1 |   |   |   |   |   | 4 |
|   |   |   |   | 8 | 2 | 9 |   |   |
|   | 9 |   | 1 |   | 6 | 8 | 2 |   |

|   |   | 5 |   |   | 7 | 8 |   |   |
|---|---|---|---|---|---|---|---|---|
|   | 6 |   | 8 |   |   |   | 1 |   |
|   |   |   | 2 | 3 |   | 7 |   | 6 |
|   |   |   |   | 7 |   |   | 6 |   |
| 9 | 1 |   | 3 |   | 6 |   |   | 4 |
| 6 | 4 | 7 | 1 |   |   | 2 |   |   |
| 5 | 9 |   |   |   |   |   | 2 | 7 |
|   | 2 | 1 |   |   | 3 |   | 8 |   |
|   | 7 |   |   | 9 |   |   |   |   |

Light and Easy

| 8 |   |   |   |   | 2 | 3 | 4 | 6 |
|---|---|---|---|---|---|---|---|---|
|   |   |   |   |   |   |   |   |   |
|   | 9 |   | 1 |   |   |   | 7 | 8 |
|   |   |   | 3 | 9 |   |   |   | 5 |
|   | 7 | 3 |   |   | 5 | 6 |   | 4 |
| 1 | 8 |   | 7 |   |   |   |   | 9 |
|   |   |   |   | 7 |   | 5 |   |   |
|   |   |   |   | 4 |   |   |   |   |
| 2 | 1 |   |   |   |   |   |   |   |

| 5 | 4 | 2 |   | 1 |   |   |   | 7 |
|---|---|---|---|---|---|---|---|---|
| 7 |   |   | 5 |   | 3 | 6 |   | 1 |
| 1 |   | 6 |   | 8 |   | 5 |   | 9 |
|   | 5 |   |   | 7 |   |   |   | 6 |
|   | 6 |   |   | 5 |   |   | 9 | 8 |
| 9 | 7 |   |   |   |   |   |   | 2 |
|   |   | 3 | 7 |   | 1 | 8 |   |   |
|   | 9 |   |   |   |   | 2 | 1 |   |
|   |   |   | 2 | 6 | 4 | 9 | 7 | 3 |

Light and Easy

|   |   |   | 2 | 6 |   |   |   |   |
|---|---|---|---|---|---|---|---|---|
|   |   |   |   |   |   | 9 |   | 1 |
| 8 | 4 | 6 |   |   |   |   |   |   |
| 5 |   |   |   | 7 | 2 |   | 8 |   |
|   | 2 |   |   | 3 |   |   | 9 |   |
| 4 |   | 1 | 8 |   |   |   | 3 |   |
|   |   | 3 |   |   |   |   | 5 | 4 |
| 1 |   |   |   |   |   |   | 2 | 9 |
|   |   |   | 5 | 4 |   | 3 |   |   |

|   | 6 |   | 4 |   |   |   | 9 | 1 |
|---|---|---|---|---|---|---|---|---|
|   | 9 |   | 1 | 3 | 8 | 7 |   |   |
| 7 | 4 |   | 6 | 2 |   |   | 8 |   |
|   | 8 | 4 |   |   | 1 | 6 | 3 |   |
| 6 | 7 | 9 |   |   |   |   |   | 2 |
| 3 |   |   |   |   | 6 |   | 4 | 7 |
|   |   | 8 | 9 |   | 3 | 5 | 7 | 6 |
| 4 |   | 6 | 5 | 1 |   |   |   |   |
| 9 | 5 |   | 8 | 6 |   |   |   | 3 |

| 3 |   | 9 |   |   |   | 5 |   |   |
|---|---|---|---|---|---|---|---|---|
|   |   | 6 |   | 1 |   |   | 9 |   |
|   | 5 | 4 | 6 |   |   |   |   |   |
| 5 |   | 2 | 7 | 6 | 1 |   |   |   |
|   |   | 1 |   |   | 3 |   |   | 7 |
| 6 |   | 7 |   |   |   | 8 | 1 |   |
|   |   |   | 1 |   | 6 |   | 8 |   |
|   | 9 |   | 4 | 8 | 7 |   |   |   |
| 7 | 6 | 8 |   | 5 |   |   |   | 9 |

| 1 |   | 5 | 3 | 9 | 7 | 2 |   |   |
|---|---|---|---|---|---|---|---|---|
| 4 |   |   |   | 6 |   |   |   |   |
|   | 3 |   |   |   |   |   |   |   |
|   |   |   | 7 | 4 | 2 |   |   |   |
|   |   | 4 |   |   | 9 |   |   | 8 |
|   |   |   |   | 5 |   | 1 |   | 7 |
|   | 9 | 3 | 8 | 7 |   |   |   |   |
|   |   |   |   |   |   |   | 8 | 3 |
| 8 |   |   |   |   |   | 6 |   |   |

Light and Easy

|   | 3 |   |   |   |   |   | 6 |   |
|---|---|---|---|---|---|---|---|---|
| 1 |   | 2 | 6 | 9 |   | 5 | 3 |   |
| 8 | 5 | 6 |   | 4 |   |   | 9 | 1 |
|   | 7 | 3 | 4 | 1 |   |   |   |   |
| 4 |   |   |   |   | 3 | 8 | 2 | 7 |
| 5 |   |   |   | 7 |   |   | 4 |   |
| 7 | 1 |   | 5 |   |   | 6 |   |   |
|   |   | 5 |   |   | 4 |   | 1 |   |
|   | 2 |   |   |   |   | 4 |   | 5 |

| 1 |   | 7 |   |   |   | 2 | 5 |   |
|---|---|---|---|---|---|---|---|---|
| 9 | 8 |   |   | 2 |   |   |   |   |
|   |   |   | 7 |   |   |   |   | 8 |
| 5 | 1 | 6 |   |   |   |   | 8 |   |
|   | 9 |   |   | 1 |   | 6 |   | 7 |
|   | 3 | 2 |   | 6 |   |   |   | 4 |
|   | 4 |   |   |   |   | 8 |   |   |
| 6 |   |   |   |   | 2 | 7 | 3 |   |
|   |   |   |   |   | 3 |   | 9 |   |

Light and Easy

|   |   | 8 | 4 |   | 6 | 3 |   |   |
|---|---|---|---|---|---|---|---|---|
|   | 9 | 2 |   |   | 3 |   |   |   |
| 7 |   | 3 | 5 |   |   |   |   | 1 |
|   | 8 | 9 | 6 |   |   | 2 | 4 |   |
| 3 | 4 | 7 |   |   | 8 |   |   |   |
|   |   |   | 3 | 5 |   |   |   | 9 |
|   | 7 | 4 |   | 3 |   |   | 1 |   |
|   |   |   |   | 7 |   |   |   |   |
|   | 3 |   |   |   | 9 | 8 |   | 7 |

| 3 |   |   |   | 7 |   |   |   |   |
|---|---|---|---|---|---|---|---|---|
| 7 |   |   | 3 |   | 8 | 9 |   | 6 |
|   |   | 2 |   |   |   | 3 | 1 |   |
|   |   | 7 | 8 |   |   |   |   | 5 |
| 2 | 8 |   |   | 1 | 6 | 7 | 9 |   |
|   | 6 | 3 |   |   |   |   |   |   |
|   |   |   | 7 | 3 |   | 5 |   |   |
|   |   |   |   |   |   |   | 7 |   |
| 5 |   | 4 |   | 2 |   |   |   | 8 |

Light and Easy

|   |   |   |   | 2 |   |   | 7 |   |
|---|---|---|---|---|---|---|---|---|
| 8 | 6 |   |   |   | 3 |   |   | 5 |
|   |   |   |   |   |   |   | 6 |   |
|   | 9 |   |   |   | 8 |   |   |   |
|   |   | 7 |   | 9 |   |   |   |   |
| 2 |   |   |   | 3 |   | 1 |   | 8 |
|   | 4 | 1 |   |   | 5 |   | 8 |   |
|   |   | 8 |   |   |   | 4 |   |   |
| 3 |   |   | 6 |   |   |   | 2 |   |

| | | | 5 | 1 | | 7 | | 3 |
|---|---|---|---|---|---|---|---|---|
| | | | 9 | | | | | |
| 8 | | | | | 6 | 9 | 1 | |
| 4 | | 8 | | | | 1 | 2 | |
| | | | 6 | | 3 | 8 | | |
| | 6 | 5 | | | | | 9 | |
| | | | | | 7 | | | |
| 6 | 1 | | | | 2 | | | |
| | | 9 | | 6 | | | 3 | 7 |

Light and Easy

| 2 |   |   |   |   | 1 |   |   | 3 |
|---|---|---|---|---|---|---|---|---|
|   |   | 5 |   |   | 3 | 4 |   |   |
|   | 8 |   | 5 | 7 |   | 2 |   | 6 |
| 4 |   |   | 8 | 6 |   |   |   |   |
| 5 |   | 6 |   |   | 9 |   |   |   |
|   |   |   |   | 4 | 5 |   | 3 |   |
|   | 5 | 7 |   |   |   | 3 | 6 | 1 |
|   |   |   |   |   |   | 7 | 5 |   |
|   | 9 |   |   |   |   |   |   |   |

| 6 |   |   |   | 5 |   | 1 | 4 | 2 |
|---|---|---|---|---|---|---|---|---|
| 5 |   |   |   |   |   |   | 3 |   |
|   |   |   |   | 4 |   |   |   |   |
|   |   |   |   |   |   | 5 |   |   |
|   |   |   | 7 |   |   |   | 8 | 3 |
|   | 1 |   | 8 | 6 | 5 | 4 | 9 |   |
| 7 |   |   |   |   | 1 |   |   | 9 |
|   |   | 5 |   | 2 | 3 |   |   |   |
|   |   | 2 |   | 7 |   |   |   | 1 |

|   | 9 |   | 4 |   | 3 |   | 1 |   |
|---|---|---|---|---|---|---|---|---|
|   | 1 | 6 |   |   | 9 |   | 8 |   |
|   | 4 |   |   | 5 | 8 |   |   |   |
| 2 |   | 9 |   |   | 1 |   |   | 8 |
| 1 |   |   | 6 | 8 | 7 |   |   | 9 |
|   |   |   | 9 | 2 | 5 |   | 3 |   |
|   |   | 4 |   |   | 2 | 8 | 9 | 1 |
| 9 | 2 | 3 | 8 | 1 |   |   |   | 7 |
| 7 | 8 |   |   | 9 |   | 2 |   |   |

| | | | 1 | | | 4 | | |
|---|---|---|---|---|---|---|---|---|
| 2 | | | | | 7 | | | |
| 8 | | | 6 | 2 | | | 1 | 5 |
| | | | | | 6 | 5 | | |
| | 8 | | | | | 9 | | |
| | 4 | 6 | | 1 | | 7 | | 2 |
| | | | | | | 6 | 9 | |
| 9 | | 3 | | 6 | 2 | 1 | | |
| 7 | 6 | | 3 | | 8 | | | |

|   |   |   | 1 |   |   | 9 | 4 |   |
|---|---|---|---|---|---|---|---|---|
|   | 2 | 6 | 7 |   |   |   |   |   |
|   |   |   | 8 |   |   |   | 1 |   |
| 6 |   | 4 | 9 | 3 |   |   | 5 |   |
| 9 | 3 | 8 |   | 7 |   |   |   | 4 |
|   |   | 1 |   | 8 |   |   |   |   |
| 7 |   |   |   | 9 |   | 4 |   | 5 |
|   |   | 9 |   |   |   | 3 |   | 6 |
| 8 | 6 |   |   | 4 |   |   |   |   |

| | | 8 | | 5 | | 4 | | |
|---|---|---|---|---|---|---|---|---|
| 5 | | 6 | | 9 | 4 | 1 | 2 | 8 |
| | | | | 6 | 2 | | | 3 |
| | | | 6 | | | | | 2 |
| | | 4 | | | | 8 | | 1 |
| 2 | 5 | 1 | | | 8 | 7 | | |
| | | | | 7 | | | | |
| 4 | 6 | | 5 | | | | | 7 |
| | 1 | 7 | | | | 6 | 9 | |

| 8 |   |   |   | 7 |   |   | 6 |   |
|---|---|---|---|---|---|---|---|---|
|   | 2 |   | 3 |   |   |   |   |   |
| 1 |   |   |   |   | 2 | 8 |   | 3 |
|   |   |   |   | 6 |   | 3 | 1 |   |
| 9 | 3 | 1 |   |   |   | 6 | 2 |   |
|   |   | 8 |   | 3 | 1 | 4 |   | 9 |
|   |   | 2 | 5 |   | 6 |   |   | 4 |
|   | 4 |   |   | 8 |   |   |   |   |
|   |   | 5 |   |   | 7 | 9 |   | 1 |

| 5 |   |   |   | 8 | 2 | 3 |   |   |
|---|---|---|---|---|---|---|---|---|
|   |   |   | 9 | 3 | 5 | 2 |   | 1 |
|   |   |   |   |   | 7 | 8 |   |   |
|   | 9 |   | 2 |   |   | 6 |   | 3 |
| 7 | 3 |   |   |   | 6 |   |   |   |
| 1 | 8 |   |   | 4 |   |   |   |   |
|   |   |   | 1 | 2 |   |   |   | 9 |
|   |   | 8 |   |   | 9 |   |   |   |
|   | 5 | 7 |   | 6 |   |   |   |   |

Light and Easy

|   | 2 |   | 3 | 6 |   | 4 |   | 7 |
|---|---|---|---|---|---|---|---|---|
| 4 |   | 3 |   |   |   |   | 1 | 8 |
|   | 8 | 6 |   | 4 |   |   | 5 |   |
|   |   | 7 |   | 3 | 6 |   |   |   |
| 6 |   |   |   | 7 | 5 |   | 3 | 4 |
| 5 | 3 |   | 9 |   | 1 | 7 |   |   |
|   |   | 1 |   | 8 |   | 2 |   |   |
|   |   |   | 5 |   | 4 |   | 7 |   |
|   | 4 | 9 |   | 1 | 2 |   | 6 |   |

|   |   | 5 |   |   |   |   | 6 | 1 |
|   | 4 |   | 1 |   |   |   |   | 7 |
|   | 9 | 2 |   |   |   |   | 4 | 5 |
|   |   | 1 | 9 |   |   |   |   | 3 |
|   |   | 3 |   |   |   |   |   | 2 |
|   |   |   | 7 | 2 |   |   |   |   |
| 3 |   |   | 8 |   |   | 1 |   |   |
| 2 |   | 6 |   |   |   |   |   |   |
|   | 8 |   | 2 | 5 |   |   | 9 |   |

| 9 |   |   | 8 | 2 |   |   |   |   |
|---|---|---|---|---|---|---|---|---|
| 7 |   | 6 |   |   |   | 8 | 5 |   |
|   | 2 | 8 |   | 3 |   |   | 9 |   |
|   |   | 3 |   |   | 6 |   | 7 |   |
| 6 |   | 2 |   |   |   |   |   | 1 |
| 5 | 1 |   | 4 |   |   |   | 3 |   |
| 8 | 6 | 5 |   |   |   |   |   | 9 |
|   | 7 | 1 |   |   | 9 |   | 8 |   |
|   |   |   |   | 1 | 8 |   |   | 3 |

| 3 |   |   | 2 |   | 8 |   |   | 7 |
|---|---|---|---|---|---|---|---|---|
| 6 |   |   | 1 |   |   |   | 3 | 2 |
| 1 |   |   |   | 3 |   |   | 9 |   |
| 9 | 3 | 4 |   |   | 1 | 8 |   | 6 |
|   |   | 1 |   | 6 |   |   |   | 3 |
| 2 | 6 |   |   |   | 3 | 1 | 4 |   |
|   | 8 |   |   |   |   |   | 7 | 5 |
|   |   | 9 |   | 5 |   |   |   |   |
| 5 |   |   |   |   | 7 |   |   | 4 |

|   |   | 7 |   | 8 | 3 | 1 |   | 5 |
|---|---|---|---|---|---|---|---|---|
|   |   | 5 | 9 |   | 6 | 3 | 8 |   |
|   |   |   |   |   | 7 |   |   |   |
| 9 |   |   | 5 |   |   |   |   |   |
| 1 | 2 |   |   |   | 4 |   | 5 | 8 |
|   | 5 |   |   |   | 8 |   | 9 |   |
|   |   |   | 8 |   |   | 5 |   |   |
|   |   | 9 | 3 |   |   | 8 | 6 |   |
|   | 6 |   | 7 | 4 | 2 | 9 |   |   |

| | | | | | | 3 | | 5 |
|---|---|---|---|---|---|---|---|---|
| 6 | | 8 | 7 | 9 | | 4 | | |
| | 2 | | | | 3 | | | 7 |
| | 9 | 5 | | | | 8 | | 3 |
| 8 | | 3 | | | | | 7 | |
| 2 | 7 | 4 | | | | 9 | | |
| 3 | | | | | 4 | 5 | | 9 |
| | 1 | 6 | | 2 | | 7 | | |
| | | 9 | | 6 | 8 | | | |

| 7 |   |   |   |   |   |   |   |   |
|---|---|---|---|---|---|---|---|---|
|   |   |   | 4 | 2 |   |   | 6 |   |
|   | 3 | 4 |   |   | 1 |   | 2 | 7 |
|   | 9 | 5 |   | 4 | 3 | 7 |   |   |
|   |   |   |   | 7 |   | 6 | 3 |   |
|   |   |   | 1 |   |   | 4 |   |   |
|   | 4 |   | 9 | 1 | 8 |   |   | 6 |
| 5 |   |   |   |   |   |   |   |   |
| 8 |   |   | 7 |   | 6 |   | 1 |   |

|   | 7 |   |   | 4 | 3 | 5 |   |   |
|---|---|---|---|---|---|---|---|---|
|   |   |   |   | 8 |   |   |   |   |
|   |   | 1 |   | 2 | 6 | 8 | 4 |   |
| 8 | 5 | 4 |   |   |   |   |   | 7 |
| 1 |   | 6 |   |   |   |   | 5 | 8 |
|   |   | 9 |   |   |   | 3 | 6 |   |
|   |   |   |   | 9 |   | 6 |   |   |
|   |   | 7 |   |   |   |   |   | 5 |
|   |   |   |   | 1 |   |   | 9 | 4 |

Light and Easy

|   |   | 6 | 5 | 3 |   |   |   |   |
|---|---|---|---|---|---|---|---|---|
|   |   |   |   |   |   |   | 7 | 6 |
| 3 | 1 | 7 |   | 6 |   | 9 |   |   |
| 2 |   |   | 7 |   |   |   |   |   |
| 1 |   |   |   |   |   | 8 |   |   |
|   |   |   |   | 9 | 6 | 2 |   |   |
|   | 2 |   | 4 |   |   |   | 8 |   |
|   | 8 | 4 |   |   |   | 5 |   | 3 |
| 9 | 3 | 1 |   |   | 2 |   | 6 |   |

|   |   |   |   | 6 | 1 |   | 9 | 2 |
|---|---|---|---|---|---|---|---|---|
|   |   | 6 |   |   | 5 | 7 |   |   |
|   | 9 |   | 7 |   |   | 3 |   | 6 |
| 4 |   | 9 |   |   |   |   | 2 | 5 |
|   | 7 |   | 5 |   |   | 8 |   |   |
|   |   | 8 | 4 | 2 |   |   | 7 | 9 |
| 9 |   |   |   |   |   |   | 6 |   |
| 5 |   |   | 1 |   |   |   |   | 3 |
| 3 | 6 | 7 |   |   | 8 | 4 |   |   |

| 5 |   |   |   | 3 | 6 | 7 | 1 |   |
|---|---|---|---|---|---|---|---|---|
|   | 4 |   |   | 7 |   |   | 8 |   |
|   |   |   |   |   |   |   |   |   |
|   |   |   |   | 2 | 9 |   | 7 |   |
|   |   | 9 | 6 | 8 |   |   | 3 |   |
|   | 8 |   |   | 4 | 3 | 1 | 6 |   |
|   | 6 | 4 |   |   |   |   |   |   |
| 8 |   |   |   |   |   |   | 2 | 6 |
| 7 |   |   | 5 |   |   | 9 |   |   |

|   | 3 |   |   | 2 |   |   | 5 | 6 |
|---|---|---|---|---|---|---|---|---|
| 6 |   |   |   |   |   | 2 | 1 | 9 |
| 9 | 7 |   |   |   |   |   |   |   |
| 4 | 8 |   |   | 3 |   |   |   |   |
| 3 |   | 9 |   |   | 1 |   |   |   |
|   | 1 |   | 2 | 9 |   | 6 |   |   |
|   |   |   | 5 |   |   | 8 | 6 |   |
|   |   | 7 |   |   | 8 | 9 |   | 1 |
| 2 | 6 |   | 9 | 1 |   | 4 |   |   |

Light and Easy

|   | 4 |   |   |   | 2 |   | 3 |   |
|---|---|---|---|---|---|---|---|---|
|   | 3 |   |   |   |   | 1 |   | 2 |
| 6 |   |   |   |   |   |   |   | 7 |
|   |   |   | 6 | 9 |   | 5 | 7 |   |
| 9 |   | 6 | 2 |   | 7 | 8 |   |   |
| 7 | 1 | 3 |   | 4 |   | 2 | 6 |   |
| 1 | 6 |   |   |   |   |   |   | 8 |
|   |   | 9 | 7 | 8 |   |   | 5 |   |
|   |   | 8 | 4 |   |   |   |   | 6 |

|   |   |   |   | 8 |   | 3 | 7 |   |
|---|---|---|---|---|---|---|---|---|
| 3 | 7 |   |   | 4 |   | 1 | 5 |   |
| 8 |   |   |   |   | 7 |   |   |   |
| 1 |   |   |   |   | 6 |   | 8 |   |
|   |   | 2 |   | 5 | 4 |   |   |   |
|   |   | 8 | 1 |   |   |   | 9 |   |
| 6 | 3 |   |   |   | 8 | 2 |   |   |
|   |   | 4 |   |   |   | 8 |   |   |
|   |   |   |   |   | 5 | 7 | 3 | 9 |

## 102  Light and Easy

| 4 |   |   | 3 |   |   |   |   |   |
|---|---|---|---|---|---|---|---|---|
| 5 | 1 |   | 2 | 9 | 7 |   | 6 |   |
| 9 | 6 | 3 | 1 |   | 4 | 5 |   | 7 |
|   |   |   |   | 7 |   | 1 |   |   |
| 3 |   | 6 | 4 |   |   | 2 |   | 5 |
|   | 7 | 4 |   | 2 |   | 3 | 8 |   |
|   |   | 2 |   |   |   | 6 | 5 |   |
| 6 | 5 |   |   | 4 | 8 |   |   |   |
| 8 | 3 |   | 5 |   | 2 | 7 |   | 4 |

|   |   |   | 7 | 3 |   |   | 8 |   |
|---|---|---|---|---|---|---|---|---|
|   |   |   |   |   | 2 | 7 |   |   |
|   | 7 |   | 9 |   | 1 | 3 | 2 |   |
|   |   | 2 |   | 9 | 8 |   | 1 |   |
|   | 4 |   |   |   |   | 5 | 3 |   |
|   |   |   |   | 5 |   |   |   | 2 |
| 9 |   |   | 5 | 2 |   |   | 4 | 1 |
|   |   | 6 | 1 |   |   |   |   |   |
|   | 3 |   |   |   | 4 |   | 7 |   |

| | | 7 | | | | 8 | 2 | |
|---|---|---|---|---|---|---|---|---|
| 5 | 3 | | | | | | | |
| | 4 | | | | | | | 1 |
| | | 6 | | | | | | |
| | 6 | 2 | | | | 1 | 7 | 4 |
| | 7 | | | | | 5 | | 6 |
| | 8 | 3 | | 2 | | | | |
| 4 | | | | 7 | 8 | 9 | | 3 |
| 7 | | | 9 | | 1 | | | |

|   | 7 | 6 |   |   |   |   |   | 9 |
|---|---|---|---|---|---|---|---|---|
|   | 5 |   | 1 |   |   | 6 |   |   |
| 1 | 8 |   | 4 |   | 6 |   |   |   |
| 3 |   | 5 |   |   |   |   |   |   |
|   | 6 |   | 9 |   |   | 1 |   |   |
|   |   |   | 8 |   |   | 5 |   |   |
| 4 |   |   | 7 | 8 |   |   | 9 |   |
|   |   |   |   |   |   |   | 7 |   |
|   |   |   | 2 | 9 |   |   |   |   |

Light and Easy

|   |   | 3 | 5 |   |   |   |   | 6 |
|---|---|---|---|---|---|---|---|---|
|   | 5 |   |   | 7 | 6 | 9 |   |   |
| 4 | 1 |   |   | 3 | 9 |   |   | 2 |
|   | 6 |   |   | 5 |   | 1 |   |   |
| 7 |   |   | 1 | 9 | 4 |   | 6 | 5 |
| 1 | 9 | 5 |   |   |   |   |   | 7 |
| 5 |   | 1 |   |   | 3 |   |   |   |
|   |   | 7 |   |   | 1 | 8 |   | 4 |
| 6 | 4 |   | 2 |   |   | 7 | 1 | 3 |

| 3 |   | 9 |   | 2 |   | 6 | 1 | 7 |
|---|---|---|---|---|---|---|---|---|
|   |   |   |   | 6 |   | 8 |   |   |
|   | 8 | 6 |   | 1 |   |   | 3 |   |
| 9 | 1 | 8 |   | 4 |   | 5 |   | 3 |
| 7 |   |   |   |   |   |   |   | 8 |
|   |   |   |   |   | 5 | 4 |   | 1 |
| 4 |   |   | 2 |   |   | 3 | 8 | 5 |
|   |   | 2 |   |   | 8 |   |   | 9 |
|   |   | 1 |   |   |   |   | 2 |   |

Light and Easy

|   |   |   | 8 | 2 |   | 7 |   |   |
|---|---|---|---|---|---|---|---|---|
|   |   |   | 4 |   | 9 |   |   |   |
|   |   | 5 |   | 1 |   |   |   | 2 |
|   | 7 |   |   | 8 |   | 4 | 5 |   |
|   | 3 | 2 |   |   | 4 | 1 |   |   |
| 5 | 6 |   |   |   |   |   | 7 |   |
| 3 | 2 | 6 |   | 7 |   |   | 1 | 4 |
| 1 | 4 |   |   |   |   | 3 | 8 |   |
|   |   |   | 3 | 4 |   | 6 |   |   |

|   |   | 5 |   | 1 |   |   |   |   |
|---|---|---|---|---|---|---|---|---|
| 6 |   |   |   | 8 |   |   |   | 2 |
| 8 |   |   | 2 |   |   |   | 7 |   |
| 4 | 1 |   |   |   |   |   |   | 5 |
|   |   |   | 1 |   | 2 |   |   | 7 |
| 2 |   |   |   |   |   | 6 | 9 |   |
|   |   | 2 | 6 |   | 5 | 4 | 1 |   |
| 1 |   |   | 9 |   |   |   |   | 6 |
| 3 |   |   |   |   |   | 9 |   |   |

Light and Easy

|   |   |   | 7 | 9 |   |   | 3 | 4 |
|---|---|---|---|---|---|---|---|---|
|   | 7 |   |   | 2 |   |   | 9 |   |
|   | 8 |   |   |   |   | 2 |   |   |
|   | 1 |   |   |   |   | 3 | 2 |   |
|   |   | 2 |   |   |   | 4 |   | 6 |
|   |   | 7 | 3 |   |   |   |   | 5 |
|   | 9 | 6 |   | 8 | 4 |   |   |   |
| 2 |   |   | 5 |   | 6 |   |   |   |
|   |   |   |   | 3 |   |   |   | 8 |

| 5 | 1 | 9 | 2 | 3 |   |   |   |   |
|---|---|---|---|---|---|---|---|---|
| 4 |   |   | 6 |   |   |   |   | 1 |
|   |   | 2 |   |   | 8 | 5 |   |   |
|   | 2 | 4 | 3 |   |   |   |   | 7 |
| 3 |   |   |   |   |   |   |   |   |
|   |   |   |   |   |   |   |   | 4 |
|   |   |   |   | 3 |   |   | 1 | 9 |
|   | 7 | 6 |   | 8 | 5 |   |   |   |
| 2 |   |   | 9 | 6 |   |   |   |   |

Light and Easy

|   | 2 |   |   | 1 | 8 |   |   |   |
|---|---|---|---|---|---|---|---|---|
|   | 5 |   |   |   |   |   | 1 |   |
|   |   |   | 9 | 2 |   | 6 | 8 |   |
| 4 |   |   |   |   | 5 | 3 | 7 |   |
| 3 |   |   | 2 |   |   |   | 9 | 4 |
|   |   |   |   |   | 9 |   |   | 1 |
|   |   |   | 3 |   | 7 |   |   |   |
| 8 |   |   |   |   |   |   |   |   |
| 7 |   | 9 |   |   | 6 | 8 |   |   |

| 6 | 9 |   |   | 7 |   | 5 |   |   |
|---|---|---|---|---|---|---|---|---|
| 7 | 8 |   |   | 2 |   |   |   |   |
| 3 |   |   | 6 |   |   | 7 | 9 | 4 |
|   | 1 |   |   | 5 | 4 | 6 | 8 |   |
| 4 |   | 2 | 8 |   | 7 |   | 3 |   |
| 8 |   |   | 1 |   |   |   | 5 | 7 |
|   | 4 |   | 7 | 8 |   |   |   |   |
| 2 |   |   |   |   |   | 1 |   | 9 |
|   | 7 | 6 | 2 |   | 9 |   |   |   |

Light and Easy

|   | 7 | 1 | 2 |   |   |   |   |   |
|---|---|---|---|---|---|---|---|---|
|   | 4 | 3 | 8 | 5 | 7 |   |   |   |
|   | 6 | 5 | 3 | 9 |   |   |   | 4 |
| 6 | 1 |   |   |   |   |   | 2 | 3 |
|   | 2 | 8 |   |   | 5 |   | 4 | 7 |
| 4 |   | 7 | 6 | 3 | 2 |   |   |   |
|   |   | 4 | 5 | 8 |   |   | 3 | 2 |
|   | 8 | 6 | 7 |   | 3 |   | 9 |   |
|   | 3 |   |   |   |   | 8 | 5 | 6 |

|   |   | 4 |   | 1 | 7 |   | 3 |   |
|---|---|---|---|---|---|---|---|---|
| 3 |   |   |   | 5 |   |   |   |   |
|   |   |   | 4 |   |   | 2 | 9 | 8 |
|   |   | 8 |   | 2 | 5 | 6 |   |   |
|   |   |   |   |   | 9 | 1 | 2 |   |
|   |   | 2 |   |   |   |   |   |   |
| 7 | 2 | 1 | 8 |   |   | 9 |   |   |
|   | 3 | 9 |   | 7 | 2 |   | 8 |   |
| 8 |   |   |   |   |   |   |   |   |

## Light and Easy

| | | 4 | | | 3 | 1 | | |
|---|---|---|---|---|---|---|---|---|
| | | | 6 | | | | 4 | 7 |
| 3 | | | 4 | | | | 8 | |
| | | 1 | 5 | | | | | |
| | | 7 | | 3 | 8 | | 9 | 1 |
| | 2 | 8 | 7 | | | | | 3 |
| | | | 1 | 8 | 4 | 7 | | 5 |
| 8 | | 5 | | | 6 | | 2 | 4 |
| 4 | | | | 2 | | | | |

| 1 |   |   | 9 |   | 5 |   |   | 7 |
|---|---|---|---|---|---|---|---|---|
|   |   |   |   |   |   |   |   |   |
| 3 | 8 | 7 |   | 1 | 4 |   | 2 |   |
|   | 7 |   | 4 | 2 |   |   | 1 | 8 |
|   | 1 |   |   |   |   | 2 |   |   |
| 4 |   |   |   |   |   |   | 3 |   |
|   |   |   | 8 | 5 |   |   |   | 9 |
| 5 |   | 8 | 1 |   |   | 3 |   | 2 |
|   | 9 |   |   |   | 2 | 8 |   |   |

| 9 | 7 |   |   |   |   |   | 8 | 1 |
|---|---|---|---|---|---|---|---|---|
|   | 4 |   |   | 9 | 8 | 3 | 6 |   |
|   |   |   | 7 |   |   |   |   |   |
| 3 | 2 |   |   |   |   |   |   |   |
|   | 6 |   | 5 | 8 |   |   |   | 9 |
|   |   |   | 6 | 3 |   | 4 |   | 8 |
|   | 1 | 3 | 9 | 4 |   |   |   |   |
|   |   | 4 | 8 |   |   | 5 |   |   |
|   |   | 7 |   |   |   |   |   |   |

|   | 1 |   | 4 |   | 2 | 9 |   |   |
|---|---|---|---|---|---|---|---|---|
| 6 | 5 | 9 | 1 | 3 |   |   | 2 |   |
|   |   |   |   | 8 |   |   |   | 5 |
|   |   |   |   | 9 |   |   | 8 |   |
| 7 |   | 4 | 3 | 6 |   | 5 | 9 | 1 |
| 9 | 8 |   |   |   | 1 |   |   |   |
|   |   |   |   | 7 |   |   |   | 9 |
|   | 6 |   |   |   | 9 |   | 3 | 8 |
|   |   | 8 |   | 1 |   |   | 7 |   |

Light and Easy

|   |   | 4 |   | 7 |   |   | 1 | 6 |
|---|---|---|---|---|---|---|---|---|
|   |   | 7 | 6 | 2 |   | 3 |   | 5 |
|   | 5 | 3 |   | 1 | 4 |   | 2 |   |
|   | 7 |   | 5 |   | 3 | 4 |   | 1 |
|   |   | 5 |   | 8 | 7 |   |   |   |
| 4 |   |   |   | 9 | 2 |   |   | 3 |
| 5 |   |   | 8 |   |   |   |   |   |
|   | 2 |   | 7 |   |   |   | 9 |   |
|   |   | 6 |   |   |   |   |   |   |

|   |   |   |   |   |   |   | 9 | 3 |
|---|---|---|---|---|---|---|---|---|
| 5 |   |   |   |   | 7 |   |   | 6 |
| 8 | 6 |   |   |   | 5 |   | 2 |   |
| 6 | 3 | 8 |   |   |   |   |   | 4 |
|   | 9 |   |   |   |   |   |   |   |
| 7 |   |   |   |   | 9 |   | 1 | 8 |
|   |   |   | 5 |   |   |   | 3 | 7 |
| 9 |   | 5 | 7 | 1 |   |   | 4 |   |
|   | 1 |   |   |   |   | 8 |   | 9 |

|   | 1 | 4 |   |   |   |   |   |   |
|---|---|---|---|---|---|---|---|---|
| 7 |   | 9 |   | 5 |   |   | 4 |   |
| 8 |   |   | 9 |   |   | 7 |   |   |
| 6 |   |   | 1 | 4 |   | 8 |   | 2 |
| 9 |   |   |   |   |   |   | 6 |   |
|   |   |   | 3 |   | 6 | 1 |   |   |
| 1 |   |   | 6 |   | 3 |   |   |   |
|   | 5 |   |   |   |   | 3 | 2 |   |
|   |   |   |   | 2 |   | 6 | 7 |   |

|   |   |   | 3 |   |   |   |   | 4 |
|---|---|---|---|---|---|---|---|---|
| 8 |   | 3 | 1 |   | 4 |   | 9 |   |
| 6 | 2 |   |   |   | 9 |   |   |   |
|   |   | 6 | 9 |   | 7 |   | 4 |   |
| 4 |   | 7 |   |   | 5 |   | 2 | 9 |
|   |   | 9 |   |   |   |   |   | 3 |
| 1 |   | 2 |   |   |   |   | 3 | 6 |
| 3 |   |   |   |   | 2 |   | 7 | 5 |
|   |   | 5 | 6 |   |   | 2 |   |   |

Light and Easy

| 7 | 4 |   |   |   | 5 | 2 |   |   |
|---|---|---|---|---|---|---|---|---|
|   |   | 8 |   | 7 |   | 9 |   |   |
|   | 1 |   | 2 | 9 | 3 | 8 |   | 7 |
|   | 8 |   | 5 |   | 7 |   | 9 | 3 |
| 1 |   |   | 8 | 2 | 9 |   | 5 |   |
| 9 |   | 7 |   | 6 |   |   |   |   |
|   | 2 |   |   |   |   | 4 |   |   |
|   |   |   |   | 3 | 6 |   | 1 |   |
| 5 | 7 | 1 |   | 4 |   | 3 | 8 |   |

|   |   |   | 3 |   |   |   | 1 |   |
|---|---|---|---|---|---|---|---|---|
| 4 |   |   | 6 |   |   | 5 |   |   |
| 5 | 1 |   |   |   | 2 | 6 |   |   |
|   |   |   |   |   | 6 | 8 | 9 |   |
|   |   |   |   |   |   |   |   |   |
|   |   | 7 |   |   | 9 | 4 |   | 1 |
| 3 |   | 4 | 8 |   |   |   |   |   |
| 1 |   | 6 |   | 3 |   |   |   |   |
|   |   | 2 |   | 7 | 1 |   |   |   |

# 126 Light and Easy

|   |   |   | 5 |   |   | 2 | 6 |   |
|---|---|---|---|---|---|---|---|---|
|   |   | 5 |   |   |   | 4 |   |   |
|   |   |   | 2 |   | 4 |   |   |   |
|   |   | 7 | 8 |   | 9 |   |   | 1 |
|   | 2 |   |   |   |   |   | 3 | 4 |
| 1 |   |   | 6 |   |   |   |   |   |
| 3 |   |   |   | 7 |   | 5 | 1 |   |
|   |   | 4 |   |   |   |   |   | 8 |
| 8 | 1 |   | 3 |   |   |   |   | 7 |

| | | | | | | 6 | | |
|---|---|---|---|---|---|---|---|---|
| | 9 | | | | 5 | | 4 | |
| 2 | 8 | 6 | | | | | 9 | |
| | 7 | | 6 | | | | | 9 |
| | | 2 | | 4 | | 3 | 6 | |
| | 6 | 4 | | | 3 | 1 | 7 | 5 |
| 8 | | | 7 | 2 | | | | 4 |
| | | | 5 | | | | | |
| | | | 4 | 3 | 9 | 7 | | |

Light and Easy

| 3 | 5 | 4 |   |   | 6 |   |   |   |
|---|---|---|---|---|---|---|---|---|
|   |   |   | 1 | 4 |   |   |   | 3 |
|   |   |   | 8 |   |   |   | 4 | 2 |
|   |   |   |   |   |   | 8 |   | 7 |
|   | 2 |   |   |   |   |   |   |   |
| 4 | 9 |   |   |   | 7 |   | 3 |   |
| 7 | 3 | 9 | 4 | 6 |   | 1 |   |   |
| 1 |   |   |   | 9 |   |   | 7 | 4 |
| 8 |   | 5 |   | 2 | 1 |   | 6 |   |

|   |   |   |   | 9 | 6 | 8 | 1 | 5 |
|---|---|---|---|---|---|---|---|---|
|   | 5 | 3 | 7 |   |   |   | 2 |   |
|   |   |   |   |   |   | 7 |   |   |
| 2 |   |   | 5 | 4 |   | 3 |   | 1 |
|   | 1 |   |   | 6 | 7 |   | 5 | 8 |
| 4 |   |   |   | 3 |   |   |   | 2 |
|   | 4 |   |   |   |   | 1 | 6 |   |
| 9 |   | 1 |   | 7 |   |   |   |   |
|   | 3 |   |   |   | 8 |   |   | 9 |

# 130    Light and Easy

|   |   | 7 | 8 | 5 |   | 2 |   | 6 |
|---|---|---|---|---|---|---|---|---|
|   | 5 |   |   |   |   | 1 |   |   |
|   |   | 3 |   |   |   |   | 7 |   |
|   |   |   |   | 9 | 4 | 3 | 6 |   |
| 5 |   |   |   |   | 6 |   |   | 2 |
| 3 |   |   |   | 7 |   | 9 | 1 |   |
| 6 |   |   |   | 8 |   |   |   |   |
| 1 |   | 2 | 3 | 6 |   | 8 |   | 7 |
|   | 9 |   |   |   | 2 |   |   |   |

| 2 |   | 6 |   | 4 |   |   |   |   |
|---|---|---|---|---|---|---|---|---|
|   |   |   |   | 9 |   | 5 | 1 |   |
|   |   |   | 3 |   |   |   | 4 |   |
|   |   |   | 4 |   |   |   |   |   |
| 5 | 7 | 1 |   |   |   |   |   |   |
|   |   |   |   | 8 | 3 |   |   |   |
| 6 | 8 |   |   |   | 9 |   |   | 3 |
| 3 |   |   |   | 2 |   |   |   | 4 |
|   |   |   | 1 |   |   |   |   |   |

Moderate

| | | 6 | 9 | | 2 | | | |
|---|---|---|---|---|---|---|---|---|
| | | | | | | 9 | | |
| | 4 | 5 | | | | | | |
| 3 | | | | 8 | | | | |
| | | | | 2 | | | 5 | 6 |
| | 7 | | 1 | | | | | 8 |
| | | | 8 | | 6 | | 9 | 4 |
| | | | 7 | | 9 | | 1 | |
| 1 | | | | | | 6 | | |

| | | 6 | 9 | | | | | 5 |
|---|---|---|---|---|---|---|---|---|
| | 5 | 8 | | | | | | |
| | | | | | 2 | 1 | | 4 |
| 3 | | | | | | | | |
| | | 9 | 5 | | | | | |
| | | | | | 4 | | | 6 |
| 1 | | | | 4 | 9 | | | 2 |
| | | | 8 | | | 7 | | |
| 9 | | | 7 | | | | 6 | |

Moderate

|   |   | 2 |   |   |   |   |   | 1 |
|---|---|---|---|---|---|---|---|---|
|   | 6 |   |   |   |   |   |   | 8 |
| 5 |   | 8 | 3 |   |   |   | 9 |   |
|   | 9 |   |   |   |   |   |   |   |
|   |   | 6 |   | 3 |   | 7 | 2 |   |
|   |   |   |   | 2 |   |   |   |   |
|   |   |   | 8 |   |   | 2 |   |   |
|   |   |   |   | 7 |   |   | 1 | 5 |
|   | 4 | 7 |   |   | 9 | 6 |   |   |

| | | | 7 | | | | 1 | |
|---|---|---|---|---|---|---|---|---|
| 3 | | | 6 | | | | | |
| | | | | | 2 | 3 | | 8 |
| | | | 8 | | | 2 | | |
| | | 3 | | | | | | 5 |
| 9 | | 4 | | | | | | |
| | 5 | 2 | | | | | 4 | |
| | | | | 3 | 1 | | | |
| | | | 2 | | 5 | 7 | | 6 |

## 136　　　Moderate

|   |   | 8 |   | 4 |   |   |   |   |
|---|---|---|---|---|---|---|---|---|
|   |   |   |   |   | 5 |   |   | 6 |
|   | 1 |   |   |   | 9 |   |   | 2 |
|   |   | 1 | 3 |   |   |   |   |   |
|   | 2 |   | 1 |   |   |   |   | 3 |
|   |   |   |   | 9 | 6 | 5 |   |   |
|   | 4 |   |   |   |   |   |   |   |
|   |   | 5 | 8 |   |   | 6 |   |   |
| 3 |   | 9 |   |   |   | 7 |   |   |

| | | 5 | | | | | | 9 |
|---|---|---|---|---|---|---|---|---|
| | | | | | 2 | | 5 | |
| | | | 6 | | | 8 | 4 | |
| | | | 5 | | | | 2 | |
| 9 | | 6 | | | | | | 7 |
| 8 | | | 2 | | 7 | | | |
| | 3 | | | | | 6 | | |
| 2 | | | | | 6 | | 8 | |
| 7 | | 9 | | | | | | 1 |

Moderate

|   |   | 7 |   |   |   |   |   | 3 |
|---|---|---|---|---|---|---|---|---|
|   |   | 5 |   |   |   |   |   |   |
|   |   |   | 6 |   |   | 2 |   |   |
| 6 | 7 | 8 |   |   | 2 |   | 1 |   |
|   | 5 |   |   | 8 |   |   | 7 |   |
|   |   | 3 |   |   |   |   |   | 4 |
|   | 2 |   |   |   | 9 |   |   | 5 |
|   |   |   | 8 |   |   |   |   |   |
| 3 |   | 9 | 4 |   | 7 |   |   |   |

|   |   |   |   |   | 9 |   |   |   |
|---|---|---|---|---|---|---|---|---|
|   |   |   |   | 1 | 6 | 4 |   |   |
|   |   |   |   |   |   |   | 3 | 5 |
|   |   | 7 |   |   |   |   |   |   |
|   |   | 3 |   | 4 | 5 | 8 |   |   |
|   | 1 |   |   |   |   |   | 6 | 2 |
|   |   | 5 | 4 | 3 |   |   |   |   |
| 6 |   | 2 | 7 |   |   |   | 8 |   |
| 9 |   |   |   |   | 8 |   |   |   |

Moderate

|   | 8 |   | 5 |   |   |   |   | 6 |
|---|---|---|---|---|---|---|---|---|
|   |   |   |   |   |   | 8 |   |   |
|   | 5 |   | 4 | 9 |   |   |   |   |
|   |   | 3 |   |   | 6 |   |   |   |
|   |   |   |   | 5 |   |   | 9 |   |
| 8 |   | 7 |   |   | 4 |   | 3 | 5 |
|   |   | 6 |   |   |   |   | 1 | 3 |
| 7 |   |   |   |   |   |   |   |   |
|   |   |   |   | 7 |   |   | 2 |   |

| 9 |   |   |   |   |   |   | 8 |   |
|---|---|---|---|---|---|---|---|---|
| 6 |   |   | 4 |   |   |   |   | 9 |
| 4 | 5 |   | 3 |   |   |   |   |   |
|   |   |   |   |   |   | 2 |   |   |
|   |   |   |   |   | 5 |   | 7 | 3 |
|   | 1 |   | 6 | 8 |   |   |   |   |
| 1 | 3 |   |   | 9 |   |   |   | 5 |
|   |   |   | 1 |   |   |   | 4 |   |
|   |   | 2 |   |   |   |   |   | 6 |

# 142 Moderate

|   | 7 | 9 |   |   |   |   |   |   |
|---|---|---|---|---|---|---|---|---|
| 3 | 6 | 4 |   |   | 8 |   |   |   |
|   |   |   |   | 6 |   |   |   |   |
|   |   | 1 | 5 |   |   |   | 7 |   |
|   |   |   |   |   | 6 |   |   | 3 |
|   |   |   |   |   | 7 | 8 |   |   |
|   |   |   |   |   |   | 4 |   | 6 |
| 4 |   |   |   | 2 |   |   | 5 |   |
|   | 8 |   |   | 5 | 1 | 3 |   |   |

|   |   |   |   |   |   |   |   |   |
|---|---|---|---|---|---|---|---|---|
|   |   |   |   |   |   |   |   |   |
|   | 7 |   | 3 |   |   | 9 |   |   |
| 8 |   | 9 |   | 6 | 5 |   |   | 2 |
| 3 |   |   |   | 2 |   |   |   |   |
|   |   | 8 |   |   | 6 |   |   |   |
|   |   |   |   | 9 |   | 4 |   |   |
|   | 1 |   |   |   |   |   |   | 7 |
|   | 9 | 2 |   | 8 |   |   |   |   |
|   |   |   |   |   |   |   | 5 | 3 |

|   |   |   |   |   |   | 2 |   | 7 |
|---|---|---|---|---|---|---|---|---|
|   |   |   | 4 | 3 |   |   | 8 |   |
| 3 |   |   | 1 | 2 |   |   |   | 5 |
|   |   | 7 |   |   |   |   |   | 6 |
|   | 4 |   | 7 |   | 6 |   |   |   |
|   | 5 | 3 |   |   |   |   |   | 2 |
|   |   |   | 8 |   |   | 5 | 2 |   |
| 7 | 1 |   |   |   |   |   | 9 | 4 |
|   |   |   | 4 |   |   |   |   |   |

|   | 4 |   |   | 1 | 6 |   | 7 |   |
|---|---|---|---|---|---|---|---|---|
|   |   |   |   | 7 |   | 8 | 3 |   |
|   |   |   |   |   | 8 |   |   |   |
|   |   | 2 | 1 |   |   | 6 |   |   |
| 8 |   |   | 2 |   | 7 |   | 5 | 1 |
| 4 |   |   | 5 |   |   |   |   |   |
|   |   |   |   |   |   |   |   | 2 |
|   |   |   | 3 |   |   |   |   | 9 |
| 5 | 3 | 1 |   |   |   |   | 8 |   |

Moderate

| 3 |   |   |   |   |   | 2 |   |   |
|---|---|---|---|---|---|---|---|---|
|   | 5 |   |   | 7 |   |   | 8 | 6 |
|   |   | 9 |   |   | 8 |   |   |   |
|   |   |   | 2 | 8 |   |   | 3 | 7 |
| 9 |   |   |   |   |   |   |   |   |
| 4 | 2 |   |   |   | 7 |   |   | 8 |
|   | 9 | 1 |   |   |   | 3 | 2 |   |
|   |   |   | 4 |   |   |   | 5 |   |
|   |   | 5 |   |   |   |   |   |   |

| | | 7 | | | 1 | | | |
|---|---|---|---|---|---|---|---|---|
| 4 | | | | | 8 | | | 6 |
| 3 | | | 2 | | | | | |
| 6 | | 3 | | 4 | 7 | 1 | | |
| | | | | 3 | | | 4 | |
| | | | | 8 | 6 | | | 5 |
| | | 1 | | | | 7 | | 2 |
| | | 5 | | | | | 8 | |
| | 9 | | | | | | | |

## 148　　Moderate

|   |   |   |   |   | 9 |   | 6 |   |
|---|---|---|---|---|---|---|---|---|
| 8 | 3 |   | 2 | 1 |   |   |   |   |
|   |   | 1 |   | 7 |   |   |   |   |
|   |   |   | 7 |   | 4 |   |   |   |
|   | 8 |   |   |   | 5 |   |   | 6 |
|   |   |   |   |   | 1 |   | 4 |   |
| 3 |   | 7 | 4 |   |   |   |   | 5 |
|   |   | 9 |   |   |   | 2 |   |   |
| 5 |   |   | 6 |   |   | 9 |   |   |

| 2 |   |   |   |   |   | 1 |   | 7 |
|---|---|---|---|---|---|---|---|---|
|   | 4 |   |   |   | 6 |   |   |   |
|   | 8 |   |   |   |   |   | 5 | 9 |
|   |   |   |   |   |   | 6 |   |   |
| 8 |   |   | 9 | 2 |   |   | 1 | 5 |
|   |   | 3 |   | 4 |   |   |   |   |
|   |   |   |   | 7 |   |   |   |   |
| 1 |   |   |   |   | 2 |   | 9 | 8 |
|   |   |   |   | 1 |   |   |   |   |

Moderate

|   |   |   | 8 |   | 1 | 9 |   |   |
|---|---|---|---|---|---|---|---|---|
|   | 1 |   | 6 |   |   |   | 3 |   |
|   |   |   |   | 2 |   |   |   |   |
|   |   | 6 |   | 3 | 7 | 8 |   |   |
|   | 2 |   |   |   | 8 |   |   |   |
|   | 5 |   |   |   | 4 |   |   | 9 |
|   |   | 5 |   |   |   |   |   |   |
|   | 8 |   |   | 1 |   | 3 |   | 6 |
|   |   | 7 | 9 |   | 3 | 2 |   |   |

# ANSWERS

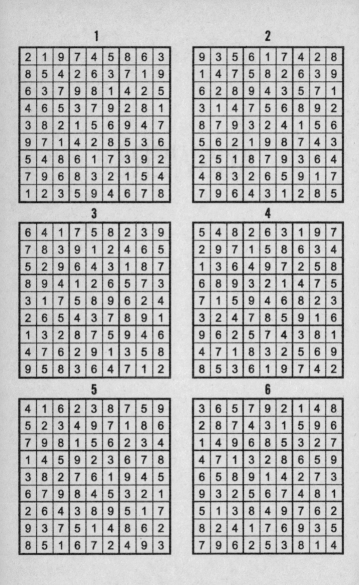

**1**

| 2 | 1 | 9 | 7 | 4 | 5 | 8 | 6 | 3 |
| 8 | 5 | 4 | 2 | 6 | 3 | 7 | 1 | 9 |
| 6 | 3 | 7 | 9 | 8 | 1 | 4 | 2 | 5 |
| 4 | 6 | 5 | 3 | 7 | 9 | 2 | 8 | 1 |
| 3 | 8 | 2 | 1 | 5 | 6 | 9 | 4 | 7 |
| 9 | 7 | 1 | 4 | 2 | 8 | 5 | 3 | 6 |
| 5 | 4 | 8 | 6 | 1 | 7 | 3 | 9 | 2 |
| 7 | 9 | 6 | 8 | 3 | 2 | 1 | 5 | 4 |
| 1 | 2 | 3 | 5 | 9 | 4 | 6 | 7 | 8 |

**2**

| 9 | 3 | 5 | 6 | 1 | 7 | 4 | 2 | 8 |
| 1 | 4 | 7 | 5 | 8 | 2 | 6 | 3 | 9 |
| 6 | 2 | 8 | 9 | 4 | 3 | 5 | 7 | 1 |
| 3 | 1 | 4 | 7 | 5 | 6 | 8 | 9 | 2 |
| 8 | 7 | 9 | 3 | 2 | 4 | 1 | 5 | 6 |
| 5 | 6 | 2 | 1 | 9 | 8 | 7 | 4 | 3 |
| 2 | 5 | 1 | 8 | 7 | 9 | 3 | 6 | 4 |
| 4 | 8 | 3 | 2 | 6 | 5 | 9 | 1 | 7 |
| 7 | 9 | 6 | 4 | 3 | 1 | 2 | 8 | 5 |

**3**

| 6 | 4 | 1 | 7 | 5 | 8 | 2 | 3 | 9 |
| 7 | 8 | 3 | 9 | 1 | 2 | 4 | 6 | 5 |
| 5 | 2 | 9 | 6 | 4 | 3 | 1 | 8 | 7 |
| 8 | 9 | 4 | 1 | 2 | 6 | 5 | 7 | 3 |
| 3 | 1 | 7 | 5 | 8 | 9 | 6 | 2 | 4 |
| 2 | 6 | 5 | 4 | 3 | 7 | 8 | 9 | 1 |
| 1 | 3 | 2 | 8 | 7 | 5 | 9 | 4 | 6 |
| 4 | 7 | 6 | 2 | 9 | 1 | 3 | 5 | 8 |
| 9 | 5 | 8 | 3 | 6 | 4 | 7 | 1 | 2 |

**4**

| 5 | 4 | 8 | 2 | 6 | 3 | 1 | 9 | 7 |
| 2 | 9 | 7 | 1 | 5 | 8 | 6 | 3 | 4 |
| 1 | 3 | 6 | 4 | 9 | 7 | 2 | 5 | 8 |
| 6 | 8 | 9 | 3 | 2 | 1 | 4 | 7 | 5 |
| 7 | 1 | 5 | 9 | 4 | 6 | 8 | 2 | 3 |
| 3 | 2 | 4 | 7 | 8 | 5 | 9 | 1 | 6 |
| 9 | 6 | 2 | 5 | 7 | 4 | 3 | 8 | 1 |
| 4 | 7 | 1 | 8 | 3 | 2 | 5 | 6 | 9 |
| 8 | 5 | 3 | 6 | 1 | 9 | 7 | 4 | 2 |

**5**

| 4 | 1 | 6 | 2 | 3 | 8 | 7 | 5 | 9 |
| 5 | 2 | 3 | 4 | 9 | 7 | 1 | 8 | 6 |
| 7 | 9 | 8 | 1 | 5 | 6 | 2 | 3 | 4 |
| 1 | 4 | 5 | 9 | 2 | 3 | 6 | 7 | 8 |
| 3 | 8 | 2 | 7 | 6 | 1 | 9 | 4 | 5 |
| 6 | 7 | 9 | 8 | 4 | 5 | 3 | 2 | 1 |
| 2 | 6 | 4 | 3 | 8 | 9 | 5 | 1 | 7 |
| 9 | 3 | 7 | 5 | 1 | 4 | 8 | 6 | 2 |
| 8 | 5 | 1 | 6 | 7 | 2 | 4 | 9 | 3 |

**6**

| 3 | 6 | 5 | 7 | 9 | 2 | 1 | 4 | 8 |
| 2 | 8 | 7 | 4 | 3 | 1 | 5 | 9 | 6 |
| 1 | 4 | 9 | 6 | 8 | 5 | 3 | 2 | 7 |
| 4 | 7 | 1 | 3 | 2 | 8 | 6 | 5 | 9 |
| 6 | 5 | 8 | 9 | 1 | 4 | 2 | 7 | 3 |
| 9 | 3 | 2 | 5 | 6 | 7 | 4 | 8 | 1 |
| 5 | 1 | 3 | 8 | 4 | 9 | 7 | 6 | 2 |
| 8 | 2 | 4 | 1 | 7 | 6 | 9 | 3 | 5 |
| 7 | 9 | 6 | 2 | 5 | 3 | 8 | 1 | 4 |

## 7

| 7 | 2 | 9 | 4 | 8 | 6 | 3 | 1 | 5 |
| 5 | 3 | 8 | 2 | 1 | 7 | 9 | 4 | 6 |
| 6 | 1 | 4 | 3 | 5 | 9 | 8 | 7 | 2 |
| 8 | 4 | 6 | 7 | 9 | 5 | 2 | 3 | 1 |
| 2 | 9 | 7 | 1 | 6 | 3 | 5 | 8 | 4 |
| 3 | 5 | 1 | 8 | 2 | 4 | 7 | 6 | 9 |
| 1 | 7 | 3 | 5 | 4 | 2 | 6 | 9 | 8 |
| 4 | 6 | 5 | 9 | 3 | 8 | 1 | 2 | 7 |
| 9 | 8 | 2 | 6 | 7 | 1 | 4 | 5 | 3 |

## 8

| 9 | 8 | 5 | 2 | 7 | 6 | 4 | 3 | 1 |
| 1 | 7 | 4 | 8 | 5 | 3 | 6 | 9 | 2 |
| 2 | 6 | 3 | 9 | 4 | 1 | 7 | 8 | 5 |
| 8 | 4 | 2 | 1 | 9 | 7 | 5 | 6 | 3 |
| 3 | 1 | 7 | 5 | 6 | 8 | 2 | 4 | 9 |
| 6 | 5 | 9 | 4 | 3 | 2 | 8 | 1 | 7 |
| 5 | 2 | 6 | 3 | 8 | 9 | 1 | 7 | 4 |
| 7 | 3 | 1 | 6 | 2 | 4 | 9 | 5 | 8 |
| 4 | 9 | 8 | 7 | 1 | 5 | 3 | 2 | 6 |

## 9

| 1 | 7 | 8 | 9 | 2 | 6 | 5 | 3 | 4 |
| 2 | 4 | 9 | 7 | 5 | 3 | 6 | 8 | 1 |
| 3 | 6 | 5 | 4 | 8 | 1 | 2 | 9 | 7 |
| 4 | 3 | 7 | 8 | 1 | 2 | 9 | 6 | 5 |
| 9 | 1 | 6 | 3 | 4 | 5 | 7 | 2 | 8 |
| 8 | 5 | 2 | 6 | 7 | 9 | 4 | 1 | 3 |
| 5 | 9 | 1 | 2 | 3 | 4 | 8 | 7 | 6 |
| 6 | 8 | 3 | 5 | 9 | 7 | 1 | 4 | 2 |
| 7 | 2 | 4 | 1 | 6 | 8 | 3 | 5 | 9 |

## 10

| 8 | 7 | 4 | 3 | 1 | 6 | 9 | 2 | 5 |
| 6 | 9 | 5 | 8 | 7 | 2 | 3 | 1 | 4 |
| 1 | 3 | 2 | 9 | 5 | 4 | 6 | 7 | 8 |
| 3 | 8 | 6 | 7 | 9 | 5 | 2 | 4 | 1 |
| 4 | 5 | 9 | 1 | 2 | 3 | 8 | 6 | 7 |
| 2 | 1 | 7 | 4 | 6 | 8 | 5 | 3 | 9 |
| 5 | 4 | 3 | 6 | 8 | 1 | 7 | 9 | 2 |
| 9 | 6 | 8 | 2 | 4 | 7 | 1 | 5 | 3 |
| 7 | 2 | 1 | 5 | 3 | 9 | 4 | 8 | 6 |

## 11

| 8 | 1 | 4 | 3 | 6 | 2 | 9 | 5 | 7 |
| 9 | 3 | 5 | 7 | 4 | 8 | 2 | 1 | 6 |
| 7 | 6 | 2 | 5 | 1 | 9 | 8 | 4 | 3 |
| 1 | 2 | 9 | 6 | 5 | 4 | 7 | 3 | 8 |
| 6 | 4 | 3 | 8 | 2 | 7 | 1 | 9 | 5 |
| 5 | 7 | 8 | 9 | 3 | 1 | 6 | 2 | 4 |
| 4 | 5 | 1 | 2 | 7 | 6 | 3 | 8 | 9 |
| 2 | 9 | 6 | 4 | 8 | 3 | 5 | 7 | 1 |
| 3 | 8 | 7 | 1 | 9 | 5 | 4 | 6 | 2 |

## 12

| 6 | 8 | 2 | 7 | 1 | 3 | 4 | 5 | 9 |
| 5 | 7 | 4 | 2 | 9 | 6 | 8 | 1 | 3 |
| 1 | 9 | 3 | 8 | 4 | 5 | 7 | 2 | 6 |
| 2 | 6 | 7 | 9 | 8 | 4 | 1 | 3 | 5 |
| 8 | 4 | 9 | 3 | 5 | 1 | 6 | 7 | 2 |
| 3 | 5 | 1 | 6 | 7 | 2 | 9 | 4 | 8 |
| 9 | 3 | 8 | 1 | 2 | 7 | 5 | 6 | 4 |
| 4 | 1 | 6 | 5 | 3 | 8 | 2 | 9 | 7 |
| 7 | 2 | 5 | 4 | 6 | 9 | 3 | 8 | 1 |

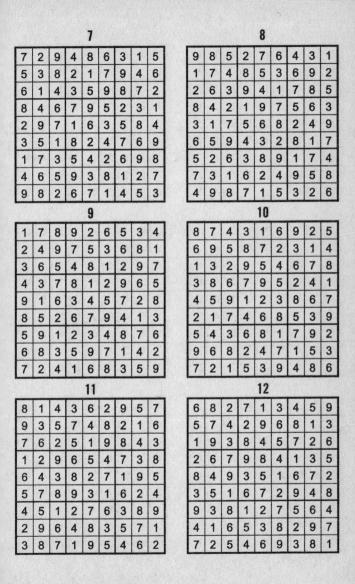

## 13

| 3 | 1 | 5 | 2 | 4 | 6 | 7 | 9 | 8 |
|---|---|---|---|---|---|---|---|---|
| 8 | 6 | 9 | 7 | 1 | 3 | 2 | 5 | 4 |
| 7 | 2 | 4 | 9 | 8 | 5 | 1 | 6 | 3 |
| 9 | 4 | 2 | 5 | 7 | 1 | 8 | 3 | 6 |
| 6 | 5 | 8 | 3 | 2 | 9 | 4 | 7 | 1 |
| 1 | 7 | 3 | 8 | 6 | 4 | 9 | 2 | 5 |
| 4 | 9 | 1 | 6 | 5 | 2 | 3 | 8 | 7 |
| 5 | 3 | 7 | 1 | 9 | 8 | 6 | 4 | 2 |
| 2 | 8 | 6 | 4 | 3 | 7 | 5 | 1 | 9 |

## 14

| 5 | 4 | 8 | 9 | 3 | 6 | 2 | 7 | 1 |
|---|---|---|---|---|---|---|---|---|
| 2 | 1 | 3 | 8 | 7 | 5 | 6 | 9 | 4 |
| 7 | 6 | 9 | 4 | 1 | 2 | 5 | 3 | 8 |
| 9 | 8 | 1 | 7 | 5 | 3 | 4 | 6 | 2 |
| 6 | 3 | 2 | 1 | 4 | 8 | 9 | 5 | 7 |
| 4 | 7 | 5 | 6 | 2 | 9 | 1 | 8 | 3 |
| 1 | 5 | 6 | 2 | 8 | 7 | 3 | 4 | 9 |
| 3 | 2 | 7 | 5 | 9 | 4 | 8 | 1 | 6 |
| 8 | 9 | 4 | 3 | 6 | 1 | 7 | 2 | 5 |

## 15

| 7 | 2 | 3 | 5 | 4 | 6 | 8 | 9 | 1 |
|---|---|---|---|---|---|---|---|---|
| 9 | 6 | 1 | 3 | 2 | 8 | 4 | 5 | 7 |
| 8 | 4 | 5 | 7 | 1 | 9 | 2 | 6 | 3 |
| 6 | 5 | 2 | 1 | 9 | 4 | 3 | 7 | 8 |
| 4 | 1 | 9 | 8 | 7 | 3 | 5 | 2 | 6 |
| 3 | 7 | 8 | 2 | 6 | 5 | 1 | 4 | 9 |
| 5 | 3 | 7 | 6 | 8 | 2 | 9 | 1 | 4 |
| 1 | 8 | 4 | 9 | 5 | 7 | 6 | 3 | 2 |
| 2 | 9 | 6 | 4 | 3 | 1 | 7 | 8 | 5 |

## 16

| 8 | 9 | 7 | 3 | 4 | 1 | 5 | 6 | 2 |
|---|---|---|---|---|---|---|---|---|
| 2 | 4 | 5 | 7 | 8 | 6 | 3 | 9 | 1 |
| 6 | 3 | 1 | 9 | 2 | 5 | 8 | 4 | 7 |
| 1 | 2 | 9 | 4 | 5 | 3 | 7 | 8 | 6 |
| 3 | 7 | 6 | 8 | 1 | 2 | 4 | 5 | 9 |
| 5 | 8 | 4 | 6 | 7 | 9 | 2 | 1 | 3 |
| 9 | 5 | 8 | 1 | 3 | 7 | 6 | 2 | 4 |
| 7 | 6 | 2 | 5 | 9 | 4 | 1 | 3 | 8 |
| 4 | 1 | 3 | 2 | 6 | 8 | 9 | 7 | 5 |

## 17

| 9 | 1 | 5 | 3 | 2 | 4 | 6 | 8 | 7 |
|---|---|---|---|---|---|---|---|---|
| 7 | 4 | 8 | 1 | 6 | 9 | 3 | 5 | 2 |
| 2 | 3 | 6 | 5 | 7 | 8 | 1 | 9 | 4 |
| 6 | 7 | 4 | 9 | 8 | 1 | 2 | 3 | 5 |
| 1 | 9 | 3 | 2 | 5 | 7 | 8 | 4 | 6 |
| 5 | 8 | 2 | 6 | 4 | 3 | 9 | 7 | 1 |
| 4 | 6 | 7 | 8 | 3 | 2 | 5 | 1 | 9 |
| 8 | 5 | 9 | 7 | 1 | 6 | 4 | 2 | 3 |
| 3 | 2 | 1 | 4 | 9 | 5 | 7 | 6 | 8 |

## 18

| 9 | 6 | 3 | 1 | 8 | 4 | 7 | 5 | 2 |
|---|---|---|---|---|---|---|---|---|
| 5 | 1 | 7 | 9 | 2 | 6 | 4 | 8 | 3 |
| 8 | 4 | 2 | 7 | 3 | 5 | 9 | 1 | 6 |
| 4 | 9 | 8 | 5 | 1 | 2 | 6 | 3 | 7 |
| 1 | 2 | 6 | 3 | 7 | 9 | 5 | 4 | 8 |
| 3 | 7 | 5 | 4 | 6 | 8 | 2 | 9 | 1 |
| 6 | 3 | 9 | 8 | 4 | 7 | 1 | 2 | 5 |
| 2 | 5 | 1 | 6 | 9 | 3 | 8 | 7 | 4 |
| 7 | 8 | 4 | 2 | 5 | 1 | 3 | 6 | 9 |

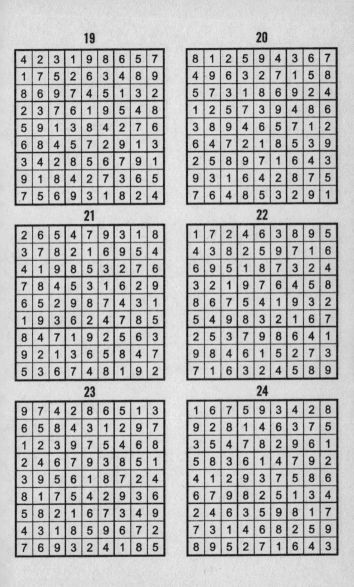

### 19

| 4 | 2 | 3 | 1 | 9 | 8 | 6 | 5 | 7 |
| 1 | 7 | 5 | 2 | 6 | 3 | 4 | 8 | 9 |
| 8 | 6 | 9 | 7 | 4 | 5 | 1 | 3 | 2 |
| 2 | 3 | 7 | 6 | 1 | 9 | 5 | 4 | 8 |
| 5 | 9 | 1 | 3 | 8 | 4 | 2 | 7 | 6 |
| 6 | 8 | 4 | 5 | 7 | 2 | 9 | 1 | 3 |
| 3 | 4 | 2 | 8 | 5 | 6 | 7 | 9 | 1 |
| 9 | 1 | 8 | 4 | 2 | 7 | 3 | 6 | 5 |
| 7 | 5 | 6 | 9 | 3 | 1 | 8 | 2 | 4 |

### 20

| 8 | 1 | 2 | 5 | 9 | 4 | 3 | 6 | 7 |
| 4 | 9 | 6 | 3 | 2 | 7 | 1 | 5 | 8 |
| 5 | 7 | 3 | 1 | 8 | 6 | 9 | 2 | 4 |
| 1 | 2 | 5 | 7 | 3 | 9 | 4 | 8 | 6 |
| 3 | 8 | 9 | 4 | 6 | 5 | 7 | 1 | 2 |
| 6 | 4 | 7 | 2 | 1 | 8 | 5 | 3 | 9 |
| 2 | 5 | 8 | 9 | 7 | 1 | 6 | 4 | 3 |
| 9 | 3 | 1 | 6 | 4 | 2 | 8 | 7 | 5 |
| 7 | 6 | 4 | 8 | 5 | 3 | 2 | 9 | 1 |

### 21

| 2 | 6 | 5 | 4 | 7 | 9 | 3 | 1 | 8 |
| 3 | 7 | 8 | 2 | 1 | 6 | 9 | 5 | 4 |
| 4 | 1 | 9 | 8 | 5 | 3 | 2 | 7 | 6 |
| 7 | 8 | 4 | 5 | 3 | 1 | 6 | 2 | 9 |
| 6 | 5 | 2 | 9 | 8 | 7 | 4 | 3 | 1 |
| 1 | 9 | 3 | 6 | 2 | 4 | 7 | 8 | 5 |
| 8 | 4 | 7 | 1 | 9 | 2 | 5 | 6 | 3 |
| 9 | 2 | 1 | 3 | 6 | 5 | 8 | 4 | 7 |
| 5 | 3 | 6 | 7 | 4 | 8 | 1 | 9 | 2 |

### 22

| 1 | 7 | 2 | 4 | 6 | 3 | 8 | 9 | 5 |
| 4 | 3 | 8 | 2 | 5 | 9 | 7 | 1 | 6 |
| 6 | 9 | 5 | 1 | 8 | 7 | 3 | 2 | 4 |
| 3 | 2 | 1 | 9 | 7 | 6 | 4 | 5 | 8 |
| 8 | 6 | 7 | 5 | 4 | 1 | 9 | 3 | 2 |
| 5 | 4 | 9 | 8 | 3 | 2 | 1 | 6 | 7 |
| 2 | 5 | 3 | 7 | 9 | 8 | 6 | 4 | 1 |
| 9 | 8 | 4 | 6 | 1 | 5 | 2 | 7 | 3 |
| 7 | 1 | 6 | 3 | 2 | 4 | 5 | 8 | 9 |

### 23

| 9 | 7 | 4 | 2 | 8 | 6 | 5 | 1 | 3 |
| 6 | 5 | 8 | 4 | 3 | 1 | 2 | 9 | 7 |
| 1 | 2 | 3 | 9 | 7 | 5 | 4 | 6 | 8 |
| 2 | 4 | 6 | 7 | 9 | 3 | 8 | 5 | 1 |
| 3 | 9 | 5 | 6 | 1 | 8 | 7 | 2 | 4 |
| 8 | 1 | 7 | 5 | 4 | 2 | 9 | 3 | 6 |
| 5 | 8 | 2 | 1 | 6 | 7 | 3 | 4 | 9 |
| 4 | 3 | 1 | 8 | 5 | 9 | 6 | 7 | 2 |
| 7 | 6 | 9 | 3 | 2 | 4 | 1 | 8 | 5 |

### 24

| 1 | 6 | 7 | 5 | 9 | 3 | 4 | 2 | 8 |
| 9 | 2 | 8 | 1 | 4 | 6 | 3 | 7 | 5 |
| 3 | 5 | 4 | 7 | 8 | 2 | 9 | 6 | 1 |
| 5 | 8 | 3 | 6 | 1 | 4 | 7 | 9 | 2 |
| 4 | 1 | 2 | 9 | 3 | 7 | 5 | 8 | 6 |
| 6 | 7 | 9 | 8 | 2 | 5 | 1 | 3 | 4 |
| 2 | 4 | 6 | 3 | 5 | 9 | 8 | 1 | 7 |
| 7 | 3 | 1 | 4 | 6 | 8 | 2 | 5 | 9 |
| 8 | 9 | 5 | 2 | 7 | 1 | 6 | 4 | 3 |

## 25

| 1 | 8 | 2 | 9 | 6 | 3 | 7 | 4 | 5 |
| 9 | 5 | 6 | 4 | 7 | 2 | 8 | 3 | 1 |
| 4 | 3 | 7 | 5 | 1 | 8 | 9 | 2 | 6 |
| 2 | 9 | 8 | 6 | 3 | 4 | 5 | 1 | 7 |
| 6 | 7 | 3 | 1 | 8 | 5 | 2 | 9 | 4 |
| 5 | 4 | 1 | 2 | 9 | 7 | 3 | 6 | 8 |
| 7 | 6 | 5 | 3 | 2 | 1 | 4 | 8 | 9 |
| 8 | 2 | 9 | 7 | 4 | 6 | 1 | 5 | 3 |
| 3 | 1 | 4 | 8 | 5 | 9 | 6 | 7 | 2 |

## 26

| 6 | 9 | 8 | 2 | 4 | 7 | 3 | 5 | 1 |
| 1 | 4 | 3 | 6 | 9 | 5 | 7 | 2 | 8 |
| 2 | 5 | 7 | 1 | 3 | 8 | 9 | 6 | 4 |
| 4 | 7 | 9 | 3 | 5 | 1 | 6 | 8 | 2 |
| 8 | 1 | 2 | 9 | 6 | 4 | 5 | 3 | 7 |
| 5 | 3 | 6 | 7 | 8 | 2 | 4 | 1 | 9 |
| 9 | 8 | 5 | 4 | 2 | 3 | 1 | 7 | 6 |
| 7 | 2 | 4 | 5 | 1 | 6 | 8 | 9 | 3 |
| 3 | 6 | 1 | 8 | 7 | 9 | 2 | 4 | 5 |

## 27

| 2 | 9 | 6 | 8 | 4 | 7 | 3 | 1 | 5 |
| 5 | 3 | 4 | 6 | 1 | 2 | 7 | 9 | 8 |
| 7 | 1 | 8 | 3 | 9 | 5 | 2 | 6 | 4 |
| 6 | 2 | 3 | 5 | 7 | 4 | 9 | 8 | 1 |
| 4 | 7 | 9 | 1 | 8 | 6 | 5 | 2 | 3 |
| 8 | 5 | 1 | 9 | 2 | 3 | 6 | 4 | 7 |
| 9 | 4 | 5 | 2 | 3 | 1 | 8 | 7 | 6 |
| 1 | 6 | 2 | 7 | 5 | 8 | 4 | 3 | 9 |
| 3 | 8 | 7 | 4 | 6 | 9 | 1 | 5 | 2 |

## 28

| 8 | 2 | 1 | 9 | 3 | 7 | 5 | 4 | 6 |
| 9 | 4 | 5 | 6 | 8 | 2 | 3 | 1 | 7 |
| 7 | 3 | 6 | 4 | 5 | 1 | 9 | 8 | 2 |
| 4 | 9 | 7 | 1 | 2 | 6 | 8 | 3 | 5 |
| 3 | 6 | 2 | 8 | 4 | 5 | 1 | 7 | 9 |
| 5 | 1 | 8 | 3 | 7 | 9 | 2 | 6 | 4 |
| 6 | 5 | 9 | 7 | 1 | 8 | 4 | 2 | 3 |
| 2 | 8 | 3 | 5 | 6 | 4 | 7 | 9 | 1 |
| 1 | 7 | 4 | 2 | 9 | 3 | 6 | 5 | 8 |

## 29

| 6 | 8 | 9 | 4 | 1 | 5 | 7 | 3 | 2 |
| 3 | 2 | 7 | 9 | 8 | 6 | 4 | 1 | 5 |
| 4 | 1 | 5 | 7 | 2 | 3 | 6 | 9 | 8 |
| 5 | 7 | 6 | 1 | 9 | 8 | 3 | 2 | 4 |
| 8 | 4 | 3 | 6 | 5 | 2 | 9 | 7 | 1 |
| 2 | 9 | 1 | 3 | 7 | 4 | 8 | 5 | 6 |
| 1 | 6 | 4 | 2 | 3 | 7 | 5 | 8 | 9 |
| 9 | 3 | 8 | 5 | 6 | 1 | 2 | 4 | 7 |
| 7 | 5 | 2 | 8 | 4 | 9 | 1 | 6 | 3 |

## 30

| 8 | 6 | 3 | 5 | 4 | 2 | 7 | 9 | 1 |
| 5 | 9 | 7 | 1 | 8 | 3 | 6 | 2 | 4 |
| 1 | 4 | 2 | 7 | 9 | 6 | 3 | 5 | 8 |
| 7 | 5 | 6 | 9 | 3 | 8 | 1 | 4 | 2 |
| 2 | 8 | 4 | 6 | 5 | 1 | 9 | 7 | 3 |
| 3 | 1 | 9 | 2 | 7 | 4 | 8 | 6 | 5 |
| 6 | 7 | 1 | 3 | 2 | 5 | 4 | 8 | 9 |
| 9 | 2 | 8 | 4 | 1 | 7 | 5 | 3 | 6 |
| 4 | 3 | 5 | 8 | 6 | 9 | 2 | 1 | 7 |

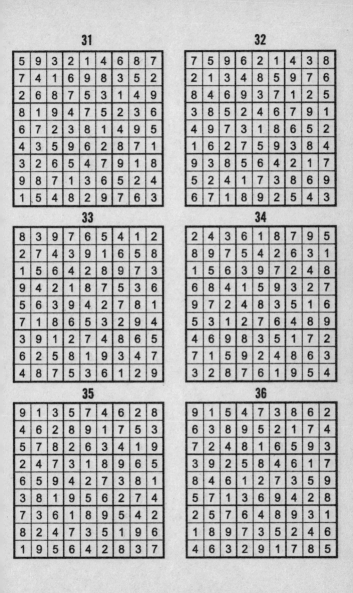

## 31

| 5 | 9 | 3 | 2 | 1 | 4 | 6 | 8 | 7 |
|---|---|---|---|---|---|---|---|---|
| 7 | 4 | 1 | 6 | 9 | 8 | 3 | 5 | 2 |
| 2 | 6 | 8 | 7 | 5 | 3 | 1 | 4 | 9 |
| 8 | 1 | 9 | 4 | 7 | 5 | 2 | 3 | 6 |
| 6 | 7 | 2 | 3 | 8 | 1 | 4 | 9 | 5 |
| 4 | 3 | 5 | 9 | 6 | 2 | 8 | 7 | 1 |
| 3 | 2 | 6 | 5 | 4 | 7 | 9 | 1 | 8 |
| 9 | 8 | 7 | 1 | 3 | 6 | 5 | 2 | 4 |
| 1 | 5 | 4 | 8 | 2 | 9 | 7 | 6 | 3 |

## 32

| 7 | 5 | 9 | 6 | 2 | 1 | 4 | 3 | 8 |
|---|---|---|---|---|---|---|---|---|
| 2 | 1 | 3 | 4 | 8 | 5 | 9 | 7 | 6 |
| 8 | 4 | 6 | 9 | 3 | 7 | 1 | 2 | 5 |
| 3 | 8 | 5 | 2 | 4 | 6 | 7 | 9 | 1 |
| 4 | 9 | 7 | 3 | 1 | 8 | 6 | 5 | 2 |
| 1 | 6 | 2 | 7 | 5 | 9 | 3 | 8 | 4 |
| 9 | 3 | 8 | 5 | 6 | 4 | 2 | 1 | 7 |
| 5 | 2 | 4 | 1 | 7 | 3 | 8 | 6 | 9 |
| 6 | 7 | 1 | 8 | 9 | 2 | 5 | 4 | 3 |

## 33

| 8 | 3 | 9 | 7 | 6 | 5 | 4 | 1 | 2 |
|---|---|---|---|---|---|---|---|---|
| 2 | 7 | 4 | 3 | 9 | 1 | 6 | 5 | 8 |
| 1 | 5 | 6 | 4 | 2 | 8 | 9 | 7 | 3 |
| 9 | 4 | 2 | 1 | 8 | 7 | 5 | 3 | 6 |
| 5 | 6 | 3 | 9 | 4 | 2 | 7 | 8 | 1 |
| 7 | 1 | 8 | 6 | 5 | 3 | 2 | 9 | 4 |
| 3 | 9 | 1 | 2 | 7 | 4 | 8 | 6 | 5 |
| 6 | 2 | 5 | 8 | 1 | 9 | 3 | 4 | 7 |
| 4 | 8 | 7 | 5 | 3 | 6 | 1 | 2 | 9 |

## 34

| 2 | 4 | 3 | 6 | 1 | 8 | 7 | 9 | 5 |
|---|---|---|---|---|---|---|---|---|
| 8 | 9 | 7 | 5 | 4 | 2 | 6 | 3 | 1 |
| 1 | 5 | 6 | 3 | 9 | 7 | 2 | 4 | 8 |
| 6 | 8 | 4 | 1 | 5 | 9 | 3 | 2 | 7 |
| 9 | 7 | 2 | 4 | 8 | 3 | 5 | 1 | 6 |
| 5 | 3 | 1 | 2 | 7 | 6 | 4 | 8 | 9 |
| 4 | 6 | 9 | 8 | 3 | 5 | 1 | 7 | 2 |
| 7 | 1 | 5 | 9 | 2 | 4 | 8 | 6 | 3 |
| 3 | 2 | 8 | 7 | 6 | 1 | 9 | 5 | 4 |

## 35

| 9 | 1 | 3 | 5 | 7 | 4 | 6 | 2 | 8 |
|---|---|---|---|---|---|---|---|---|
| 4 | 6 | 2 | 8 | 9 | 1 | 7 | 5 | 3 |
| 5 | 7 | 8 | 2 | 6 | 3 | 4 | 1 | 9 |
| 2 | 4 | 7 | 3 | 1 | 8 | 9 | 6 | 5 |
| 6 | 5 | 9 | 4 | 2 | 7 | 3 | 8 | 1 |
| 3 | 8 | 1 | 9 | 5 | 6 | 2 | 7 | 4 |
| 7 | 3 | 6 | 1 | 8 | 9 | 5 | 4 | 2 |
| 8 | 2 | 4 | 7 | 3 | 5 | 1 | 9 | 6 |
| 1 | 9 | 5 | 6 | 4 | 2 | 8 | 3 | 7 |

## 36

| 9 | 1 | 5 | 4 | 7 | 3 | 8 | 6 | 2 |
|---|---|---|---|---|---|---|---|---|
| 6 | 3 | 8 | 9 | 5 | 2 | 1 | 7 | 4 |
| 7 | 2 | 4 | 8 | 1 | 6 | 5 | 9 | 3 |
| 3 | 9 | 2 | 5 | 8 | 4 | 6 | 1 | 7 |
| 8 | 4 | 6 | 1 | 2 | 7 | 3 | 5 | 9 |
| 5 | 7 | 1 | 3 | 6 | 9 | 4 | 2 | 8 |
| 2 | 5 | 7 | 6 | 4 | 8 | 9 | 3 | 1 |
| 1 | 8 | 9 | 7 | 3 | 5 | 2 | 4 | 6 |
| 4 | 6 | 3 | 2 | 9 | 1 | 7 | 8 | 5 |

## 37

| 8 | 1 | 7 | 4 | 5 | 6 | 2 | 3 | 9 |
|---|---|---|---|---|---|---|---|---|
| 9 | 3 | 4 | 2 | 7 | 8 | 1 | 5 | 6 |
| 2 | 6 | 5 | 1 | 9 | 3 | 4 | 8 | 7 |
| 5 | 4 | 1 | 6 | 2 | 7 | 8 | 9 | 3 |
| 7 | 2 | 8 | 9 | 3 | 5 | 6 | 4 | 1 |
| 3 | 9 | 6 | 8 | 1 | 4 | 5 | 7 | 2 |
| 1 | 7 | 3 | 5 | 8 | 2 | 9 | 6 | 4 |
| 6 | 5 | 2 | 7 | 4 | 9 | 3 | 1 | 8 |
| 4 | 8 | 9 | 3 | 6 | 1 | 7 | 2 | 5 |

## 38

| 5 | 9 | 4 | 2 | 8 | 1 | 7 | 3 | 6 |
|---|---|---|---|---|---|---|---|---|
| 6 | 2 | 7 | 9 | 4 | 3 | 1 | 5 | 8 |
| 8 | 3 | 1 | 7 | 5 | 6 | 2 | 9 | 4 |
| 4 | 5 | 6 | 1 | 3 | 7 | 9 | 8 | 2 |
| 7 | 8 | 2 | 6 | 9 | 4 | 3 | 1 | 5 |
| 9 | 1 | 3 | 8 | 2 | 5 | 4 | 6 | 7 |
| 1 | 7 | 5 | 3 | 6 | 2 | 8 | 4 | 9 |
| 3 | 6 | 9 | 4 | 7 | 8 | 5 | 2 | 1 |
| 2 | 4 | 8 | 5 | 1 | 9 | 6 | 7 | 3 |

## 39

| 1 | 3 | 8 | 9 | 7 | 5 | 2 | 4 | 6 |
|---|---|---|---|---|---|---|---|---|
| 4 | 9 | 7 | 6 | 8 | 2 | 1 | 5 | 3 |
| 2 | 5 | 6 | 4 | 3 | 1 | 7 | 9 | 8 |
| 3 | 7 | 9 | 2 | 1 | 8 | 5 | 6 | 4 |
| 5 | 4 | 1 | 7 | 6 | 9 | 3 | 8 | 2 |
| 6 | 8 | 2 | 5 | 4 | 3 | 9 | 1 | 7 |
| 8 | 6 | 5 | 1 | 2 | 7 | 4 | 3 | 9 |
| 9 | 2 | 4 | 3 | 5 | 6 | 8 | 7 | 1 |
| 7 | 1 | 3 | 8 | 9 | 4 | 6 | 2 | 5 |

## 40

| 6 | 2 | 5 | 9 | 8 | 7 | 3 | 1 | 4 |
|---|---|---|---|---|---|---|---|---|
| 3 | 9 | 8 | 2 | 1 | 4 | 5 | 7 | 6 |
| 1 | 4 | 7 | 6 | 5 | 3 | 8 | 9 | 2 |
| 2 | 8 | 4 | 7 | 9 | 6 | 1 | 3 | 5 |
| 9 | 7 | 6 | 1 | 3 | 5 | 2 | 4 | 8 |
| 5 | 3 | 1 | 4 | 2 | 8 | 9 | 6 | 7 |
| 8 | 6 | 2 | 3 | 4 | 9 | 7 | 5 | 1 |
| 7 | 1 | 9 | 5 | 6 | 2 | 4 | 8 | 3 |
| 4 | 5 | 3 | 8 | 7 | 1 | 6 | 2 | 9 |

## 41

| 4 | 1 | 9 | 7 | 2 | 8 | 6 | 3 | 5 |
|---|---|---|---|---|---|---|---|---|
| 2 | 5 | 8 | 6 | 1 | 3 | 4 | 9 | 7 |
| 6 | 7 | 3 | 9 | 5 | 4 | 2 | 1 | 8 |
| 9 | 2 | 4 | 1 | 7 | 6 | 5 | 8 | 3 |
| 8 | 6 | 1 | 3 | 4 | 5 | 9 | 7 | 2 |
| 7 | 3 | 5 | 8 | 9 | 2 | 1 | 6 | 4 |
| 3 | 4 | 6 | 5 | 8 | 9 | 7 | 2 | 1 |
| 5 | 8 | 7 | 2 | 6 | 1 | 3 | 4 | 9 |
| 1 | 9 | 2 | 4 | 3 | 7 | 8 | 5 | 6 |

## 42

| 7 | 3 | 8 | 2 | 5 | 1 | 9 | 6 | 4 |
|---|---|---|---|---|---|---|---|---|
| 2 | 9 | 5 | 6 | 4 | 3 | 1 | 8 | 7 |
| 1 | 4 | 6 | 9 | 7 | 8 | 2 | 3 | 5 |
| 3 | 5 | 9 | 8 | 2 | 7 | 4 | 1 | 6 |
| 4 | 7 | 2 | 5 | 1 | 6 | 3 | 9 | 8 |
| 8 | 6 | 1 | 4 | 3 | 9 | 7 | 5 | 2 |
| 9 | 2 | 4 | 1 | 8 | 5 | 6 | 7 | 3 |
| 5 | 1 | 7 | 3 | 6 | 4 | 8 | 2 | 9 |
| 6 | 8 | 3 | 7 | 9 | 2 | 5 | 4 | 1 |

## 43

| 8 | 2 | 7 | 5 | 4 | 9 | 1 | 6 | 3 |
|---|---|---|---|---|---|---|---|---|
| 1 | 6 | 5 | 8 | 3 | 7 | 4 | 9 | 2 |
| 9 | 4 | 3 | 6 | 1 | 2 | 5 | 7 | 8 |
| 6 | 1 | 9 | 4 | 2 | 3 | 7 | 8 | 5 |
| 7 | 5 | 4 | 1 | 9 | 8 | 3 | 2 | 6 |
| 3 | 8 | 2 | 7 | 5 | 6 | 9 | 4 | 1 |
| 5 | 7 | 1 | 2 | 8 | 4 | 6 | 3 | 9 |
| 4 | 9 | 8 | 3 | 6 | 1 | 2 | 5 | 7 |
| 2 | 3 | 6 | 9 | 7 | 5 | 8 | 1 | 4 |

## 44

| 2 | 4 | 7 | 9 | 8 | 5 | 6 | 3 | 1 |
|---|---|---|---|---|---|---|---|---|
| 3 | 5 | 1 | 2 | 6 | 7 | 9 | 8 | 4 |
| 6 | 9 | 8 | 3 | 1 | 4 | 5 | 2 | 7 |
| 7 | 6 | 3 | 1 | 4 | 8 | 2 | 5 | 9 |
| 9 | 1 | 5 | 6 | 2 | 3 | 4 | 7 | 8 |
| 4 | 8 | 2 | 5 | 7 | 9 | 3 | 1 | 6 |
| 1 | 3 | 4 | 7 | 9 | 2 | 8 | 6 | 5 |
| 8 | 2 | 6 | 4 | 5 | 1 | 7 | 9 | 3 |
| 5 | 7 | 9 | 8 | 3 | 6 | 1 | 4 | 2 |

## 45

| 8 | 6 | 9 | 1 | 5 | 4 | 2 | 7 | 3 |
|---|---|---|---|---|---|---|---|---|
| 3 | 2 | 4 | 8 | 9 | 7 | 5 | 6 | 1 |
| 1 | 5 | 7 | 2 | 3 | 6 | 4 | 8 | 9 |
| 6 | 8 | 3 | 4 | 2 | 5 | 9 | 1 | 7 |
| 2 | 9 | 1 | 6 | 7 | 8 | 3 | 4 | 5 |
| 4 | 7 | 5 | 3 | 1 | 9 | 6 | 2 | 8 |
| 5 | 1 | 8 | 9 | 4 | 2 | 7 | 3 | 6 |
| 7 | 4 | 6 | 5 | 8 | 3 | 1 | 9 | 2 |
| 9 | 3 | 2 | 7 | 6 | 1 | 8 | 5 | 4 |

## 46

| 9 | 6 | 4 | 1 | 7 | 5 | 2 | 3 | 8 |
|---|---|---|---|---|---|---|---|---|
| 3 | 5 | 1 | 4 | 8 | 2 | 9 | 7 | 6 |
| 7 | 2 | 8 | 6 | 9 | 3 | 5 | 1 | 4 |
| 4 | 1 | 6 | 8 | 5 | 9 | 7 | 2 | 3 |
| 5 | 7 | 3 | 2 | 6 | 4 | 1 | 8 | 9 |
| 2 | 8 | 9 | 3 | 1 | 7 | 4 | 6 | 5 |
| 6 | 9 | 5 | 7 | 2 | 8 | 3 | 4 | 1 |
| 8 | 3 | 2 | 9 | 4 | 1 | 6 | 5 | 7 |
| 1 | 4 | 7 | 5 | 3 | 6 | 8 | 9 | 2 |

## 47

| 7 | 3 | 9 | 6 | 1 | 2 | 8 | 5 | 4 |
|---|---|---|---|---|---|---|---|---|
| 1 | 6 | 4 | 8 | 7 | 5 | 9 | 2 | 3 |
| 2 | 8 | 5 | 9 | 3 | 4 | 7 | 1 | 6 |
| 8 | 2 | 3 | 5 | 4 | 7 | 6 | 9 | 1 |
| 6 | 4 | 7 | 3 | 9 | 1 | 2 | 8 | 5 |
| 5 | 9 | 1 | 2 | 6 | 8 | 4 | 3 | 7 |
| 9 | 7 | 8 | 4 | 5 | 3 | 1 | 6 | 2 |
| 4 | 5 | 2 | 1 | 8 | 6 | 3 | 7 | 9 |
| 3 | 1 | 6 | 7 | 2 | 9 | 5 | 4 | 8 |

## 48

| 8 | 7 | 2 | 1 | 6 | 5 | 9 | 3 | 4 |
|---|---|---|---|---|---|---|---|---|
| 1 | 4 | 3 | 2 | 8 | 9 | 7 | 6 | 5 |
| 9 | 6 | 5 | 3 | 4 | 7 | 8 | 2 | 1 |
| 5 | 8 | 7 | 9 | 2 | 4 | 3 | 1 | 6 |
| 2 | 3 | 9 | 8 | 1 | 6 | 4 | 5 | 7 |
| 4 | 1 | 6 | 7 | 5 | 3 | 2 | 8 | 9 |
| 6 | 9 | 4 | 5 | 3 | 2 | 1 | 7 | 8 |
| 3 | 5 | 1 | 4 | 7 | 8 | 6 | 9 | 2 |
| 7 | 2 | 8 | 6 | 9 | 1 | 5 | 4 | 3 |

### 49

| 1 | 3 | 9 | 2 | 7 | 6 | 8 | 5 | 4 |
| 4 | 7 | 8 | 5 | 3 | 9 | 6 | 2 | 1 |
| 6 | 2 | 5 | 1 | 8 | 4 | 3 | 7 | 9 |
| 9 | 6 | 4 | 8 | 2 | 1 | 7 | 3 | 5 |
| 2 | 1 | 3 | 6 | 5 | 7 | 9 | 4 | 8 |
| 5 | 8 | 7 | 4 | 9 | 3 | 2 | 1 | 6 |
| 8 | 9 | 2 | 3 | 4 | 5 | 1 | 6 | 7 |
| 3 | 4 | 6 | 7 | 1 | 8 | 5 | 9 | 2 |
| 7 | 5 | 1 | 9 | 6 | 2 | 4 | 8 | 3 |

### 50

| 1 | 3 | 7 | 6 | 5 | 8 | 4 | 9 | 2 |
| 4 | 8 | 6 | 2 | 9 | 3 | 5 | 7 | 1 |
| 9 | 2 | 5 | 4 | 1 | 7 | 8 | 6 | 3 |
| 2 | 9 | 1 | 3 | 7 | 5 | 6 | 4 | 8 |
| 5 | 7 | 8 | 1 | 6 | 4 | 2 | 3 | 9 |
| 6 | 4 | 3 | 9 | 8 | 2 | 1 | 5 | 7 |
| 7 | 5 | 2 | 8 | 4 | 9 | 3 | 1 | 6 |
| 3 | 1 | 4 | 7 | 2 | 6 | 9 | 8 | 5 |
| 8 | 6 | 9 | 5 | 3 | 1 | 7 | 2 | 4 |

### 51

| 7 | 6 | 3 | 5 | 4 | 1 | 2 | 8 | 9 |
| 4 | 5 | 8 | 2 | 9 | 7 | 1 | 6 | 3 |
| 9 | 1 | 2 | 3 | 6 | 8 | 5 | 7 | 4 |
| 8 | 9 | 5 | 6 | 2 | 3 | 4 | 1 | 7 |
| 3 | 7 | 4 | 1 | 8 | 9 | 6 | 2 | 5 |
| 6 | 2 | 1 | 4 | 7 | 5 | 9 | 3 | 8 |
| 2 | 3 | 9 | 8 | 5 | 6 | 7 | 4 | 1 |
| 1 | 4 | 7 | 9 | 3 | 2 | 8 | 5 | 6 |
| 5 | 8 | 6 | 7 | 1 | 4 | 3 | 9 | 2 |

### 52

| 6 | 5 | 8 | 7 | 4 | 3 | 1 | 2 | 9 |
| 4 | 3 | 7 | 2 | 9 | 1 | 5 | 6 | 8 |
| 9 | 2 | 1 | 8 | 5 | 6 | 3 | 4 | 7 |
| 8 | 6 | 5 | 9 | 3 | 7 | 2 | 1 | 4 |
| 1 | 9 | 4 | 6 | 2 | 5 | 8 | 7 | 3 |
| 2 | 7 | 3 | 4 | 1 | 8 | 6 | 9 | 5 |
| 5 | 1 | 6 | 3 | 7 | 9 | 4 | 8 | 2 |
| 3 | 4 | 9 | 1 | 8 | 2 | 7 | 5 | 6 |
| 7 | 8 | 2 | 5 | 6 | 4 | 9 | 3 | 1 |

### 53

| 9 | 3 | 4 | 6 | 7 | 1 | 2 | 8 | 5 |
| 6 | 2 | 8 | 3 | 5 | 4 | 7 | 9 | 1 |
| 1 | 7 | 5 | 8 | 9 | 2 | 3 | 4 | 6 |
| 4 | 8 | 9 | 2 | 6 | 3 | 1 | 5 | 7 |
| 2 | 5 | 6 | 4 | 1 | 7 | 9 | 3 | 8 |
| 3 | 1 | 7 | 5 | 8 | 9 | 4 | 6 | 2 |
| 5 | 4 | 3 | 7 | 2 | 8 | 6 | 1 | 9 |
| 8 | 9 | 2 | 1 | 4 | 6 | 5 | 7 | 3 |
| 7 | 6 | 1 | 9 | 3 | 5 | 8 | 2 | 4 |

### 54

| 5 | 2 | 7 | 8 | 4 | 3 | 9 | 6 | 1 |
| 9 | 3 | 8 | 6 | 1 | 2 | 7 | 4 | 5 |
| 4 | 1 | 6 | 5 | 9 | 7 | 8 | 3 | 2 |
| 8 | 9 | 4 | 1 | 3 | 6 | 5 | 2 | 7 |
| 6 | 5 | 2 | 9 | 7 | 4 | 3 | 1 | 8 |
| 1 | 7 | 3 | 2 | 8 | 5 | 6 | 9 | 4 |
| 2 | 4 | 9 | 3 | 5 | 8 | 1 | 7 | 6 |
| 3 | 6 | 5 | 7 | 2 | 1 | 4 | 8 | 9 |
| 7 | 8 | 1 | 4 | 6 | 9 | 2 | 5 | 3 |

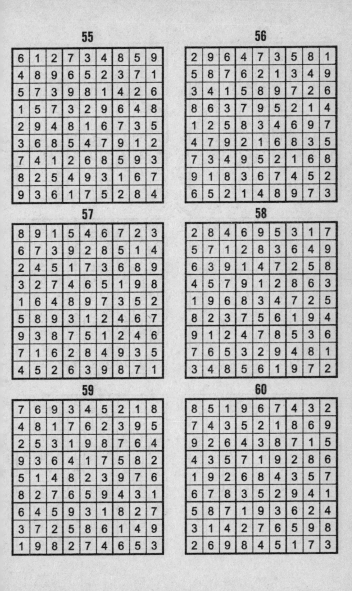

## 55

| 6 | 1 | 2 | 7 | 3 | 4 | 8 | 5 | 9 |
| 4 | 8 | 9 | 6 | 5 | 2 | 3 | 7 | 1 |
| 5 | 7 | 3 | 9 | 8 | 1 | 4 | 2 | 6 |
| 1 | 5 | 7 | 3 | 2 | 9 | 6 | 4 | 8 |
| 2 | 9 | 4 | 8 | 1 | 6 | 7 | 3 | 5 |
| 3 | 6 | 8 | 5 | 4 | 7 | 9 | 1 | 2 |
| 7 | 4 | 1 | 2 | 6 | 8 | 5 | 9 | 3 |
| 8 | 2 | 5 | 4 | 9 | 3 | 1 | 6 | 7 |
| 9 | 3 | 6 | 1 | 7 | 5 | 2 | 8 | 4 |

## 56

| 2 | 9 | 6 | 4 | 7 | 3 | 5 | 8 | 1 |
| 5 | 8 | 7 | 6 | 2 | 1 | 3 | 4 | 9 |
| 3 | 4 | 1 | 5 | 8 | 9 | 7 | 2 | 6 |
| 8 | 6 | 3 | 7 | 9 | 5 | 2 | 1 | 4 |
| 1 | 2 | 5 | 8 | 3 | 4 | 6 | 9 | 7 |
| 4 | 7 | 9 | 2 | 1 | 6 | 8 | 3 | 5 |
| 7 | 3 | 4 | 9 | 5 | 2 | 1 | 6 | 8 |
| 9 | 1 | 8 | 3 | 6 | 7 | 4 | 5 | 2 |
| 6 | 5 | 2 | 1 | 4 | 8 | 9 | 7 | 3 |

## 57

| 8 | 9 | 1 | 5 | 4 | 6 | 7 | 2 | 3 |
| 6 | 7 | 3 | 9 | 2 | 8 | 5 | 1 | 4 |
| 2 | 4 | 5 | 1 | 7 | 3 | 6 | 8 | 9 |
| 3 | 2 | 7 | 4 | 6 | 5 | 1 | 9 | 8 |
| 1 | 6 | 4 | 8 | 9 | 7 | 3 | 5 | 2 |
| 5 | 8 | 9 | 3 | 1 | 2 | 4 | 6 | 7 |
| 9 | 3 | 8 | 7 | 5 | 1 | 2 | 4 | 6 |
| 7 | 1 | 6 | 2 | 8 | 4 | 9 | 3 | 5 |
| 4 | 5 | 2 | 6 | 3 | 9 | 8 | 7 | 1 |

## 58

| 2 | 8 | 4 | 6 | 9 | 5 | 3 | 1 | 7 |
| 5 | 7 | 1 | 2 | 8 | 3 | 6 | 4 | 9 |
| 6 | 3 | 9 | 1 | 4 | 7 | 2 | 5 | 8 |
| 4 | 5 | 7 | 9 | 1 | 2 | 8 | 6 | 3 |
| 1 | 9 | 6 | 8 | 3 | 4 | 7 | 2 | 5 |
| 8 | 2 | 3 | 7 | 5 | 6 | 1 | 9 | 4 |
| 9 | 1 | 2 | 4 | 7 | 8 | 5 | 3 | 6 |
| 7 | 6 | 5 | 3 | 2 | 9 | 4 | 8 | 1 |
| 3 | 4 | 8 | 5 | 6 | 1 | 9 | 7 | 2 |

## 59

| 7 | 6 | 9 | 3 | 4 | 5 | 2 | 1 | 8 |
| 4 | 8 | 1 | 7 | 6 | 2 | 3 | 9 | 5 |
| 2 | 5 | 3 | 1 | 9 | 8 | 7 | 6 | 4 |
| 9 | 3 | 6 | 4 | 1 | 7 | 5 | 8 | 2 |
| 5 | 1 | 4 | 8 | 2 | 3 | 9 | 7 | 6 |
| 8 | 2 | 7 | 6 | 5 | 9 | 4 | 3 | 1 |
| 6 | 4 | 5 | 9 | 3 | 1 | 8 | 2 | 7 |
| 3 | 7 | 2 | 5 | 8 | 6 | 1 | 4 | 9 |
| 1 | 9 | 8 | 2 | 7 | 4 | 6 | 5 | 3 |

## 60

| 8 | 5 | 1 | 9 | 6 | 7 | 4 | 3 | 2 |
| 7 | 4 | 3 | 5 | 2 | 1 | 8 | 6 | 9 |
| 9 | 2 | 6 | 4 | 3 | 8 | 7 | 1 | 5 |
| 4 | 3 | 5 | 7 | 1 | 9 | 2 | 8 | 6 |
| 1 | 9 | 2 | 6 | 8 | 4 | 3 | 5 | 7 |
| 6 | 7 | 8 | 3 | 5 | 2 | 9 | 4 | 1 |
| 5 | 8 | 7 | 1 | 9 | 3 | 6 | 2 | 4 |
| 3 | 1 | 4 | 2 | 7 | 6 | 5 | 9 | 8 |
| 2 | 6 | 9 | 8 | 4 | 5 | 1 | 7 | 3 |

## 61

| 7 | 8 | 3 | 5 | 1 | 6 | 2 | 4 | 9 |
|---|---|---|---|---|---|---|---|---|
| 4 | 5 | 9 | 7 | 8 | 2 | 6 | 1 | 3 |
| 2 | 6 | 1 | 3 | 9 | 4 | 8 | 5 | 7 |
| 9 | 7 | 2 | 4 | 6 | 8 | 1 | 3 | 5 |
| 8 | 1 | 6 | 9 | 5 | 3 | 7 | 2 | 4 |
| 3 | 4 | 5 | 1 | 2 | 7 | 9 | 8 | 6 |
| 1 | 2 | 4 | 6 | 7 | 5 | 3 | 9 | 8 |
| 5 | 9 | 7 | 8 | 3 | 1 | 4 | 6 | 2 |
| 6 | 3 | 8 | 2 | 4 | 9 | 5 | 7 | 1 |

## 62

| 3 | 8 | 6 | 9 | 1 | 5 | 4 | 2 | 7 |
|---|---|---|---|---|---|---|---|---|
| 2 | 4 | 9 | 7 | 6 | 8 | 1 | 5 | 3 |
| 1 | 5 | 7 | 3 | 4 | 2 | 9 | 8 | 6 |
| 5 | 1 | 3 | 4 | 8 | 9 | 6 | 7 | 2 |
| 9 | 2 | 8 | 6 | 3 | 7 | 5 | 4 | 1 |
| 7 | 6 | 4 | 2 | 5 | 1 | 3 | 9 | 8 |
| 8 | 3 | 2 | 1 | 9 | 4 | 7 | 6 | 5 |
| 4 | 7 | 1 | 5 | 2 | 6 | 8 | 3 | 9 |
| 6 | 9 | 5 | 8 | 7 | 3 | 2 | 1 | 4 |

## 63

| 9 | 4 | 1 | 5 | 2 | 6 | 8 | 3 | 7 |
|---|---|---|---|---|---|---|---|---|
| 5 | 6 | 8 | 3 | 7 | 1 | 4 | 9 | 2 |
| 2 | 7 | 3 | 8 | 4 | 9 | 5 | 1 | 6 |
| 4 | 3 | 9 | 2 | 6 | 5 | 1 | 7 | 8 |
| 1 | 8 | 5 | 4 | 3 | 7 | 2 | 6 | 9 |
| 7 | 2 | 6 | 1 | 9 | 8 | 3 | 4 | 5 |
| 6 | 1 | 4 | 7 | 5 | 2 | 9 | 8 | 3 |
| 3 | 9 | 2 | 6 | 8 | 4 | 7 | 5 | 1 |
| 8 | 5 | 7 | 9 | 1 | 3 | 6 | 2 | 4 |

## 64

| 9 | 4 | 6 | 5 | 2 | 3 | 7 | 8 | 1 |
|---|---|---|---|---|---|---|---|---|
| 2 | 7 | 5 | 6 | 8 | 1 | 4 | 3 | 9 |
| 1 | 3 | 8 | 9 | 7 | 4 | 6 | 2 | 5 |
| 3 | 9 | 2 | 1 | 4 | 7 | 5 | 6 | 8 |
| 6 | 8 | 4 | 2 | 9 | 5 | 3 | 1 | 7 |
| 7 | 5 | 1 | 8 | 3 | 6 | 2 | 9 | 4 |
| 4 | 6 | 9 | 7 | 1 | 2 | 8 | 5 | 3 |
| 5 | 1 | 3 | 4 | 6 | 8 | 9 | 7 | 2 |
| 8 | 2 | 7 | 3 | 5 | 9 | 1 | 4 | 6 |

## 65

| 6 | 2 | 1 | 8 | 3 | 9 | 4 | 7 | 5 |
|---|---|---|---|---|---|---|---|---|
| 8 | 4 | 5 | 6 | 7 | 1 | 3 | 2 | 9 |
| 9 | 7 | 3 | 5 | 2 | 4 | 1 | 8 | 6 |
| 5 | 6 | 8 | 3 | 9 | 2 | 7 | 1 | 4 |
| 2 | 1 | 4 | 7 | 6 | 5 | 8 | 9 | 3 |
| 7 | 3 | 9 | 4 | 1 | 8 | 6 | 5 | 2 |
| 1 | 9 | 7 | 2 | 4 | 3 | 5 | 6 | 8 |
| 4 | 8 | 2 | 1 | 5 | 6 | 9 | 3 | 7 |
| 3 | 5 | 6 | 9 | 8 | 7 | 2 | 4 | 1 |

## 66

| 7 | 4 | 5 | 9 | 2 | 8 | 1 | 6 | 3 |
|---|---|---|---|---|---|---|---|---|
| 6 | 3 | 8 | 5 | 1 | 7 | 4 | 9 | 2 |
| 9 | 1 | 2 | 4 | 6 | 3 | 5 | 7 | 8 |
| 1 | 7 | 9 | 2 | 5 | 4 | 3 | 8 | 6 |
| 3 | 5 | 6 | 8 | 7 | 9 | 2 | 4 | 1 |
| 2 | 8 | 4 | 6 | 3 | 1 | 7 | 5 | 9 |
| 8 | 2 | 1 | 7 | 9 | 5 | 6 | 3 | 4 |
| 4 | 6 | 7 | 3 | 8 | 2 | 9 | 1 | 5 |
| 5 | 9 | 3 | 1 | 4 | 6 | 8 | 2 | 7 |

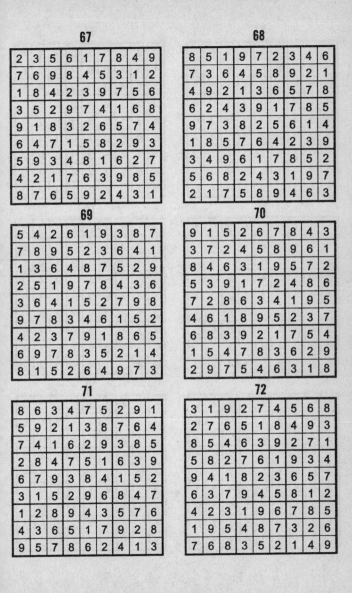

**67**

| 2 | 3 | 5 | 6 | 1 | 7 | 8 | 4 | 9 |
|---|---|---|---|---|---|---|---|---|
| 7 | 6 | 9 | 8 | 4 | 5 | 3 | 1 | 2 |
| 1 | 8 | 4 | 2 | 3 | 9 | 7 | 5 | 6 |
| 3 | 5 | 2 | 9 | 7 | 4 | 1 | 6 | 8 |
| 9 | 1 | 8 | 3 | 2 | 6 | 5 | 7 | 4 |
| 6 | 4 | 7 | 1 | 5 | 8 | 2 | 9 | 3 |
| 5 | 9 | 3 | 4 | 8 | 1 | 6 | 2 | 7 |
| 4 | 2 | 1 | 7 | 6 | 3 | 9 | 8 | 5 |
| 8 | 7 | 6 | 5 | 9 | 2 | 4 | 3 | 1 |

**68**

| 8 | 5 | 1 | 9 | 7 | 2 | 3 | 4 | 6 |
|---|---|---|---|---|---|---|---|---|
| 7 | 3 | 6 | 4 | 5 | 8 | 9 | 2 | 1 |
| 4 | 9 | 2 | 1 | 3 | 6 | 5 | 7 | 8 |
| 6 | 2 | 4 | 3 | 9 | 1 | 7 | 8 | 5 |
| 9 | 7 | 3 | 8 | 2 | 5 | 6 | 1 | 4 |
| 1 | 8 | 5 | 7 | 6 | 4 | 2 | 3 | 9 |
| 3 | 4 | 9 | 6 | 1 | 7 | 8 | 5 | 2 |
| 5 | 6 | 8 | 2 | 4 | 3 | 1 | 9 | 7 |
| 2 | 1 | 7 | 5 | 8 | 9 | 4 | 6 | 3 |

**69**

| 5 | 4 | 2 | 6 | 1 | 9 | 3 | 8 | 7 |
|---|---|---|---|---|---|---|---|---|
| 7 | 8 | 9 | 5 | 2 | 3 | 6 | 4 | 1 |
| 1 | 3 | 6 | 4 | 8 | 7 | 5 | 2 | 9 |
| 2 | 5 | 1 | 9 | 7 | 8 | 4 | 3 | 6 |
| 3 | 6 | 4 | 1 | 5 | 2 | 7 | 9 | 8 |
| 9 | 7 | 8 | 3 | 4 | 6 | 1 | 5 | 2 |
| 4 | 2 | 3 | 7 | 9 | 1 | 8 | 6 | 5 |
| 6 | 9 | 7 | 8 | 3 | 5 | 2 | 1 | 4 |
| 8 | 1 | 5 | 2 | 6 | 4 | 9 | 7 | 3 |

**70**

| 9 | 1 | 5 | 2 | 6 | 7 | 8 | 4 | 3 |
|---|---|---|---|---|---|---|---|---|
| 3 | 7 | 2 | 4 | 5 | 8 | 9 | 6 | 1 |
| 8 | 4 | 6 | 3 | 1 | 9 | 5 | 7 | 2 |
| 5 | 3 | 9 | 1 | 7 | 2 | 4 | 8 | 6 |
| 7 | 2 | 8 | 6 | 3 | 4 | 1 | 9 | 5 |
| 4 | 6 | 1 | 8 | 9 | 5 | 2 | 3 | 7 |
| 6 | 8 | 3 | 9 | 2 | 1 | 7 | 5 | 4 |
| 1 | 5 | 4 | 7 | 8 | 3 | 6 | 2 | 9 |
| 2 | 9 | 7 | 5 | 4 | 6 | 3 | 1 | 8 |

**71**

| 8 | 6 | 3 | 4 | 7 | 5 | 2 | 9 | 1 |
|---|---|---|---|---|---|---|---|---|
| 5 | 9 | 2 | 1 | 3 | 8 | 7 | 6 | 4 |
| 7 | 4 | 1 | 6 | 2 | 9 | 3 | 8 | 5 |
| 2 | 8 | 4 | 7 | 5 | 1 | 6 | 3 | 9 |
| 6 | 7 | 9 | 3 | 8 | 4 | 1 | 5 | 2 |
| 3 | 1 | 5 | 2 | 9 | 6 | 8 | 4 | 7 |
| 1 | 2 | 8 | 9 | 4 | 3 | 5 | 7 | 6 |
| 4 | 3 | 6 | 5 | 1 | 7 | 9 | 2 | 8 |
| 9 | 5 | 7 | 8 | 6 | 2 | 4 | 1 | 3 |

**72**

| 3 | 1 | 9 | 2 | 7 | 4 | 5 | 6 | 8 |
|---|---|---|---|---|---|---|---|---|
| 2 | 7 | 6 | 5 | 1 | 8 | 4 | 9 | 3 |
| 8 | 5 | 4 | 6 | 3 | 9 | 2 | 7 | 1 |
| 5 | 8 | 2 | 7 | 6 | 1 | 9 | 3 | 4 |
| 9 | 4 | 1 | 8 | 2 | 3 | 6 | 5 | 7 |
| 6 | 3 | 7 | 9 | 4 | 5 | 8 | 1 | 2 |
| 4 | 2 | 3 | 1 | 9 | 6 | 7 | 8 | 5 |
| 1 | 9 | 5 | 4 | 8 | 7 | 3 | 2 | 6 |
| 7 | 6 | 8 | 3 | 5 | 2 | 1 | 4 | 9 |

## 73

| 1 | 8 | 5 | 3 | 9 | 7 | 2 | 6 | 4 |
| 4 | 7 | 2 | 5 | 6 | 1 | 8 | 3 | 9 |
| 9 | 3 | 6 | 2 | 8 | 4 | 7 | 5 | 1 |
| 5 | 1 | 8 | 7 | 4 | 2 | 3 | 9 | 6 |
| 7 | 6 | 4 | 1 | 3 | 9 | 5 | 2 | 8 |
| 3 | 2 | 9 | 6 | 5 | 8 | 1 | 4 | 7 |
| 6 | 9 | 3 | 8 | 7 | 5 | 4 | 1 | 2 |
| 2 | 5 | 7 | 4 | 1 | 6 | 9 | 8 | 3 |
| 8 | 4 | 1 | 9 | 2 | 3 | 6 | 7 | 5 |

## 74

| 9 | 3 | 7 | 1 | 8 | 5 | 2 | 6 | 4 |
| 1 | 4 | 2 | 6 | 9 | 7 | 5 | 3 | 8 |
| 8 | 5 | 6 | 3 | 4 | 2 | 7 | 9 | 1 |
| 2 | 7 | 3 | 4 | 1 | 8 | 9 | 5 | 6 |
| 4 | 6 | 1 | 9 | 5 | 3 | 8 | 2 | 7 |
| 5 | 9 | 8 | 2 | 7 | 6 | 1 | 4 | 3 |
| 7 | 1 | 4 | 5 | 3 | 9 | 6 | 8 | 2 |
| 6 | 8 | 5 | 7 | 2 | 4 | 3 | 1 | 9 |
| 3 | 2 | 9 | 8 | 6 | 1 | 4 | 7 | 5 |

## 75

| 1 | 6 | 7 | 8 | 3 | 4 | 2 | 5 | 9 |
| 9 | 8 | 4 | 5 | 2 | 1 | 3 | 7 | 6 |
| 3 | 2 | 5 | 7 | 9 | 6 | 1 | 4 | 8 |
| 5 | 1 | 6 | 2 | 4 | 7 | 9 | 8 | 3 |
| 4 | 9 | 8 | 3 | 1 | 5 | 6 | 2 | 7 |
| 7 | 3 | 2 | 9 | 6 | 8 | 5 | 1 | 4 |
| 2 | 4 | 3 | 1 | 7 | 9 | 8 | 6 | 5 |
| 6 | 5 | 9 | 4 | 8 | 2 | 7 | 3 | 1 |
| 8 | 7 | 1 | 6 | 5 | 3 | 4 | 9 | 2 |

## 76

| 1 | 5 | 8 | 4 | 9 | 6 | 3 | 7 | 2 |
| 4 | 9 | 2 | 7 | 1 | 3 | 6 | 5 | 8 |
| 7 | 6 | 3 | 5 | 8 | 2 | 4 | 9 | 1 |
| 5 | 8 | 9 | 6 | 7 | 1 | 2 | 4 | 3 |
| 3 | 4 | 7 | 9 | 2 | 8 | 1 | 6 | 5 |
| 2 | 1 | 6 | 3 | 5 | 4 | 7 | 8 | 9 |
| 8 | 7 | 4 | 2 | 3 | 5 | 9 | 1 | 6 |
| 9 | 2 | 1 | 8 | 6 | 7 | 5 | 3 | 4 |
| 6 | 3 | 5 | 1 | 4 | 9 | 8 | 2 | 7 |

## 77

| 3 | 9 | 6 | 1 | 7 | 2 | 8 | 5 | 4 |
| 7 | 5 | 1 | 3 | 4 | 8 | 9 | 2 | 6 |
| 8 | 4 | 2 | 9 | 6 | 5 | 3 | 1 | 7 |
| 4 | 1 | 7 | 8 | 9 | 3 | 2 | 6 | 5 |
| 2 | 8 | 5 | 4 | 1 | 6 | 7 | 9 | 3 |
| 9 | 6 | 3 | 2 | 5 | 7 | 4 | 8 | 1 |
| 6 | 2 | 8 | 7 | 3 | 1 | 5 | 4 | 9 |
| 1 | 3 | 9 | 5 | 8 | 4 | 6 | 7 | 2 |
| 5 | 7 | 4 | 6 | 2 | 9 | 1 | 3 | 8 |

## 78

| 5 | 1 | 4 | 8 | 2 | 6 | 3 | 7 | 9 |
| 8 | 6 | 9 | 7 | 4 | 3 | 2 | 1 | 5 |
| 7 | 3 | 2 | 9 | 5 | 1 | 8 | 6 | 4 |
| 1 | 9 | 3 | 5 | 6 | 8 | 7 | 4 | 2 |
| 4 | 8 | 7 | 1 | 9 | 2 | 5 | 3 | 6 |
| 2 | 5 | 6 | 4 | 3 | 7 | 1 | 9 | 8 |
| 9 | 4 | 1 | 2 | 7 | 5 | 6 | 8 | 3 |
| 6 | 2 | 8 | 3 | 1 | 9 | 4 | 5 | 7 |
| 3 | 7 | 5 | 6 | 8 | 4 | 9 | 2 | 1 |

## 79

| 9 | 2 | 6 | 5 | 1 | 8 | 7 | 4 | 3 |
|---|---|---|---|---|---|---|---|---|
| 3 | 7 | 1 | 9 | 2 | 4 | 6 | 5 | 8 |
| 8 | 5 | 4 | 3 | 7 | 6 | 9 | 1 | 2 |
| 4 | 3 | 8 | 7 | 5 | 9 | 1 | 2 | 6 |
| 1 | 9 | 2 | 6 | 4 | 3 | 8 | 7 | 5 |
| 7 | 6 | 5 | 2 | 8 | 1 | 3 | 9 | 4 |
| 5 | 4 | 3 | 8 | 9 | 7 | 2 | 6 | 1 |
| 6 | 1 | 7 | 4 | 3 | 2 | 5 | 8 | 9 |
| 2 | 8 | 9 | 1 | 6 | 5 | 4 | 3 | 7 |

## 80

| 2 | 6 | 4 | 9 | 8 | 1 | 5 | 7 | 3 |
|---|---|---|---|---|---|---|---|---|
| 7 | 1 | 5 | 6 | 2 | 3 | 4 | 9 | 8 |
| 3 | 8 | 9 | 5 | 7 | 4 | 2 | 1 | 6 |
| 4 | 3 | 1 | 8 | 6 | 7 | 9 | 2 | 5 |
| 5 | 7 | 6 | 2 | 3 | 9 | 1 | 8 | 4 |
| 9 | 2 | 8 | 1 | 4 | 5 | 6 | 3 | 7 |
| 8 | 5 | 7 | 4 | 9 | 2 | 3 | 6 | 1 |
| 6 | 4 | 2 | 3 | 1 | 8 | 7 | 5 | 9 |
| 1 | 9 | 3 | 7 | 5 | 6 | 8 | 4 | 2 |

## 81

| 6 | 8 | 9 | 3 | 5 | 7 | 1 | 4 | 2 |
|---|---|---|---|---|---|---|---|---|
| 5 | 2 | 4 | 1 | 9 | 6 | 7 | 3 | 8 |
| 3 | 7 | 1 | 2 | 8 | 4 | 9 | 6 | 5 |
| 8 | 9 | 7 | 4 | 3 | 2 | 5 | 1 | 6 |
| 4 | 5 | 6 | 7 | 1 | 9 | 2 | 8 | 3 |
| 2 | 1 | 3 | 8 | 6 | 5 | 4 | 9 | 7 |
| 7 | 3 | 8 | 5 | 4 | 1 | 6 | 2 | 9 |
| 1 | 6 | 5 | 9 | 2 | 3 | 8 | 7 | 4 |
| 9 | 4 | 2 | 6 | 7 | 8 | 3 | 5 | 1 |

## 82

| 8 | 9 | 2 | 4 | 6 | 3 | 7 | 1 | 5 |
|---|---|---|---|---|---|---|---|---|
| 5 | 1 | 6 | 2 | 7 | 9 | 3 | 8 | 4 |
| 3 | 4 | 7 | 1 | 5 | 8 | 9 | 6 | 2 |
| 2 | 6 | 9 | 3 | 4 | 1 | 5 | 7 | 8 |
| 1 | 3 | 5 | 6 | 8 | 7 | 4 | 2 | 9 |
| 4 | 7 | 8 | 9 | 2 | 5 | 1 | 3 | 6 |
| 6 | 5 | 4 | 7 | 3 | 2 | 8 | 9 | 1 |
| 9 | 2 | 3 | 8 | 1 | 4 | 6 | 5 | 7 |
| 7 | 8 | 1 | 5 | 9 | 6 | 2 | 4 | 3 |

## 83

| 6 | 3 | 5 | 1 | 8 | 9 | 4 | 2 | 7 |
|---|---|---|---|---|---|---|---|---|
| 2 | 1 | 4 | 5 | 3 | 7 | 8 | 6 | 9 |
| 8 | 7 | 9 | 6 | 2 | 4 | 3 | 1 | 5 |
| 3 | 9 | 2 | 8 | 7 | 6 | 5 | 4 | 1 |
| 1 | 8 | 7 | 2 | 4 | 5 | 9 | 3 | 6 |
| 5 | 4 | 6 | 9 | 1 | 3 | 7 | 8 | 2 |
| 4 | 2 | 8 | 7 | 5 | 1 | 6 | 9 | 3 |
| 9 | 5 | 3 | 4 | 6 | 2 | 1 | 7 | 8 |
| 7 | 6 | 1 | 3 | 9 | 8 | 2 | 5 | 4 |

## 84

| 3 | 8 | 7 | 1 | 6 | 5 | 9 | 4 | 2 |
|---|---|---|---|---|---|---|---|---|
| 1 | 2 | 6 | 7 | 4 | 9 | 5 | 3 | 8 |
| 4 | 9 | 5 | 8 | 2 | 3 | 6 | 1 | 7 |
| 6 | 7 | 4 | 9 | 3 | 2 | 8 | 5 | 1 |
| 9 | 3 | 8 | 5 | 7 | 1 | 2 | 6 | 4 |
| 2 | 5 | 1 | 4 | 8 | 6 | 7 | 9 | 3 |
| 7 | 1 | 3 | 6 | 9 | 8 | 4 | 2 | 5 |
| 5 | 4 | 9 | 2 | 1 | 7 | 3 | 8 | 6 |
| 8 | 6 | 2 | 3 | 5 | 4 | 1 | 7 | 9 |

## 85

| 3 | 2 | 8 | 7 | 5 | 1 | 4 | 6 | 9 |
|---|---|---|---|---|---|---|---|---|
| 5 | 7 | 6 | 3 | 9 | 4 | 1 | 2 | 8 |
| 1 | 4 | 9 | 8 | 6 | 2 | 5 | 7 | 3 |
| 7 | 8 | 3 | 6 | 1 | 5 | 9 | 4 | 2 |
| 6 | 9 | 4 | 2 | 3 | 7 | 8 | 5 | 1 |
| 2 | 5 | 1 | 9 | 4 | 8 | 7 | 3 | 6 |
| 9 | 3 | 5 | 1 | 7 | 6 | 2 | 8 | 4 |
| 4 | 6 | 2 | 5 | 8 | 9 | 3 | 1 | 7 |
| 8 | 1 | 7 | 4 | 2 | 3 | 6 | 9 | 5 |

## 86

| 8 | 5 | 3 | 9 | 7 | 4 | 1 | 6 | 2 |
|---|---|---|---|---|---|---|---|---|
| 4 | 2 | 6 | 3 | 1 | 8 | 5 | 9 | 7 |
| 1 | 9 | 7 | 6 | 5 | 2 | 8 | 4 | 3 |
| 2 | 7 | 4 | 8 | 6 | 9 | 3 | 1 | 5 |
| 9 | 3 | 1 | 7 | 4 | 5 | 6 | 2 | 8 |
| 5 | 6 | 8 | 2 | 3 | 1 | 4 | 7 | 9 |
| 3 | 1 | 2 | 5 | 9 | 6 | 7 | 8 | 4 |
| 7 | 4 | 9 | 1 | 8 | 3 | 2 | 5 | 6 |
| 6 | 8 | 5 | 4 | 2 | 7 | 9 | 3 | 1 |

## 87

| 5 | 6 | 1 | 4 | 8 | 2 | 3 | 9 | 7 |
|---|---|---|---|---|---|---|---|---|
| 8 | 7 | 4 | 9 | 3 | 5 | 2 | 6 | 1 |
| 3 | 2 | 9 | 6 | 1 | 7 | 8 | 4 | 5 |
| 4 | 9 | 5 | 2 | 7 | 1 | 6 | 8 | 3 |
| 7 | 3 | 2 | 8 | 9 | 6 | 5 | 1 | 4 |
| 1 | 8 | 6 | 5 | 4 | 3 | 9 | 7 | 2 |
| 6 | 4 | 3 | 1 | 2 | 8 | 7 | 5 | 9 |
| 2 | 1 | 8 | 7 | 5 | 9 | 4 | 3 | 6 |
| 9 | 5 | 7 | 3 | 6 | 4 | 1 | 2 | 8 |

## 88

| 1 | 2 | 5 | 3 | 6 | 8 | 4 | 9 | 7 |
|---|---|---|---|---|---|---|---|---|
| 4 | 7 | 3 | 2 | 5 | 9 | 6 | 1 | 8 |
| 9 | 8 | 6 | 1 | 4 | 7 | 3 | 5 | 2 |
| 8 | 9 | 7 | 4 | 3 | 6 | 5 | 2 | 1 |
| 6 | 1 | 2 | 8 | 7 | 5 | 9 | 3 | 4 |
| 5 | 3 | 4 | 9 | 2 | 1 | 7 | 8 | 6 |
| 7 | 5 | 1 | 6 | 8 | 3 | 2 | 4 | 9 |
| 2 | 6 | 8 | 5 | 9 | 4 | 1 | 7 | 3 |
| 3 | 4 | 9 | 7 | 1 | 2 | 8 | 6 | 5 |

## 89

| 7 | 3 | 5 | 4 | 8 | 2 | 9 | 6 | 1 |
|---|---|---|---|---|---|---|---|---|
| 6 | 4 | 8 | 1 | 9 | 5 | 2 | 3 | 7 |
| 1 | 9 | 2 | 6 | 3 | 7 | 8 | 4 | 5 |
| 5 | 2 | 1 | 9 | 6 | 8 | 4 | 7 | 3 |
| 9 | 7 | 3 | 5 | 1 | 4 | 6 | 8 | 2 |
| 8 | 6 | 4 | 7 | 2 | 3 | 5 | 1 | 9 |
| 3 | 5 | 9 | 8 | 7 | 6 | 1 | 2 | 4 |
| 2 | 1 | 6 | 3 | 4 | 9 | 7 | 5 | 8 |
| 4 | 8 | 7 | 2 | 5 | 1 | 3 | 9 | 6 |

## 90

| 9 | 5 | 4 | 8 | 2 | 7 | 3 | 1 | 6 |
|---|---|---|---|---|---|---|---|---|
| 7 | 3 | 6 | 9 | 4 | 1 | 8 | 5 | 2 |
| 1 | 2 | 8 | 6 | 3 | 5 | 4 | 9 | 7 |
| 4 | 9 | 3 | 1 | 8 | 6 | 2 | 7 | 5 |
| 6 | 8 | 2 | 7 | 5 | 3 | 9 | 4 | 1 |
| 5 | 1 | 7 | 4 | 9 | 2 | 6 | 3 | 8 |
| 8 | 6 | 5 | 3 | 7 | 4 | 1 | 2 | 9 |
| 3 | 7 | 1 | 2 | 6 | 9 | 5 | 8 | 4 |
| 2 | 4 | 9 | 5 | 1 | 8 | 7 | 6 | 3 |

## 91

| 3 | 9 | 5 | 2 | 4 | 8 | 6 | 1 | 7 |
|---|---|---|---|---|---|---|---|---|
| 6 | 4 | 8 | 1 | 7 | 9 | 5 | 3 | 2 |
| 1 | 7 | 2 | 6 | 3 | 5 | 4 | 9 | 8 |
| 9 | 3 | 4 | 7 | 2 | 1 | 8 | 5 | 6 |
| 8 | 5 | 1 | 9 | 6 | 4 | 7 | 2 | 3 |
| 2 | 6 | 7 | 5 | 8 | 3 | 1 | 4 | 9 |
| 4 | 8 | 6 | 3 | 1 | 2 | 9 | 7 | 5 |
| 7 | 2 | 9 | 4 | 5 | 6 | 3 | 8 | 1 |
| 5 | 1 | 3 | 8 | 9 | 7 | 2 | 6 | 4 |

## 92

| 6 | 9 | 7 | 4 | 8 | 3 | 1 | 2 | 5 |
|---|---|---|---|---|---|---|---|---|
| 4 | 1 | 5 | 9 | 2 | 6 | 3 | 8 | 7 |
| 8 | 3 | 2 | 1 | 5 | 7 | 6 | 4 | 9 |
| 9 | 8 | 4 | 5 | 7 | 1 | 2 | 3 | 6 |
| 1 | 2 | 3 | 6 | 9 | 4 | 7 | 5 | 8 |
| 7 | 5 | 6 | 2 | 3 | 8 | 4 | 9 | 1 |
| 3 | 4 | 1 | 8 | 6 | 9 | 5 | 7 | 2 |
| 2 | 7 | 9 | 3 | 1 | 5 | 8 | 6 | 4 |
| 5 | 6 | 8 | 7 | 4 | 2 | 9 | 1 | 3 |

## 93

| 9 | 4 | 7 | 2 | 1 | 6 | 3 | 8 | 5 |
|---|---|---|---|---|---|---|---|---|
| 6 | 3 | 8 | 7 | 9 | 5 | 4 | 1 | 2 |
| 5 | 2 | 1 | 4 | 8 | 3 | 6 | 9 | 7 |
| 1 | 9 | 5 | 6 | 4 | 7 | 8 | 2 | 3 |
| 8 | 6 | 3 | 9 | 5 | 2 | 1 | 7 | 4 |
| 2 | 7 | 4 | 8 | 3 | 1 | 9 | 5 | 6 |
| 3 | 8 | 2 | 1 | 7 | 4 | 5 | 6 | 9 |
| 4 | 1 | 6 | 5 | 2 | 9 | 7 | 3 | 8 |
| 7 | 5 | 9 | 3 | 6 | 8 | 2 | 4 | 1 |

## 94

| 7 | 6 | 2 | 3 | 9 | 5 | 1 | 4 | 8 |
|---|---|---|---|---|---|---|---|---|
| 1 | 5 | 8 | 4 | 2 | 7 | 9 | 6 | 3 |
| 9 | 3 | 4 | 8 | 6 | 1 | 5 | 2 | 7 |
| 2 | 9 | 5 | 6 | 4 | 3 | 7 | 8 | 1 |
| 4 | 8 | 1 | 5 | 7 | 9 | 6 | 3 | 2 |
| 6 | 7 | 3 | 1 | 8 | 2 | 4 | 9 | 5 |
| 3 | 4 | 7 | 9 | 1 | 8 | 2 | 5 | 6 |
| 5 | 1 | 6 | 2 | 3 | 4 | 8 | 7 | 9 |
| 8 | 2 | 9 | 7 | 5 | 6 | 3 | 1 | 4 |

## 95

| 2 | 7 | 8 | 9 | 4 | 3 | 5 | 1 | 6 |
|---|---|---|---|---|---|---|---|---|
| 6 | 4 | 3 | 1 | 8 | 5 | 2 | 7 | 9 |
| 5 | 9 | 1 | 7 | 2 | 6 | 8 | 4 | 3 |
| 8 | 5 | 4 | 6 | 3 | 1 | 9 | 2 | 7 |
| 1 | 3 | 6 | 2 | 7 | 9 | 4 | 5 | 8 |
| 7 | 2 | 9 | 8 | 5 | 4 | 3 | 6 | 1 |
| 4 | 1 | 5 | 3 | 9 | 7 | 6 | 8 | 2 |
| 9 | 8 | 7 | 4 | 6 | 2 | 1 | 3 | 5 |
| 3 | 6 | 2 | 5 | 1 | 8 | 7 | 9 | 4 |

## 96

| 8 | 9 | 6 | 5 | 3 | 7 | 4 | 1 | 2 |
|---|---|---|---|---|---|---|---|---|
| 5 | 4 | 2 | 9 | 8 | 1 | 3 | 7 | 6 |
| 3 | 1 | 7 | 2 | 6 | 4 | 9 | 5 | 8 |
| 2 | 5 | 3 | 7 | 4 | 8 | 6 | 9 | 1 |
| 1 | 6 | 9 | 3 | 2 | 5 | 8 | 4 | 7 |
| 4 | 7 | 8 | 1 | 9 | 6 | 2 | 3 | 5 |
| 6 | 2 | 5 | 4 | 7 | 3 | 1 | 8 | 9 |
| 7 | 8 | 4 | 6 | 1 | 9 | 5 | 2 | 3 |
| 9 | 3 | 1 | 8 | 5 | 2 | 7 | 6 | 4 |

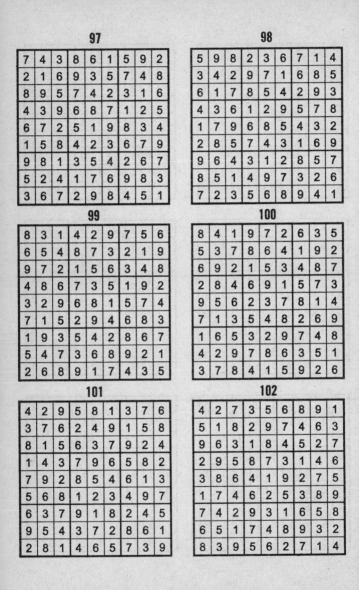

**97**

| 7 | 4 | 3 | 8 | 6 | 1 | 5 | 9 | 2 |
|---|---|---|---|---|---|---|---|---|
| 2 | 1 | 6 | 9 | 3 | 5 | 7 | 4 | 8 |
| 8 | 9 | 5 | 7 | 4 | 2 | 3 | 1 | 6 |
| 4 | 3 | 9 | 6 | 8 | 7 | 1 | 2 | 5 |
| 6 | 7 | 2 | 5 | 1 | 9 | 8 | 3 | 4 |
| 1 | 5 | 8 | 4 | 2 | 3 | 6 | 7 | 9 |
| 9 | 8 | 1 | 3 | 5 | 4 | 2 | 6 | 7 |
| 5 | 2 | 4 | 1 | 7 | 6 | 9 | 8 | 3 |
| 3 | 6 | 7 | 2 | 9 | 8 | 4 | 5 | 1 |

**98**

| 5 | 9 | 8 | 2 | 3 | 6 | 7 | 1 | 4 |
|---|---|---|---|---|---|---|---|---|
| 3 | 4 | 2 | 9 | 7 | 1 | 6 | 8 | 5 |
| 6 | 1 | 7 | 8 | 5 | 4 | 2 | 9 | 3 |
| 4 | 3 | 6 | 1 | 2 | 9 | 5 | 7 | 8 |
| 1 | 7 | 9 | 6 | 8 | 5 | 4 | 3 | 2 |
| 2 | 8 | 5 | 7 | 4 | 3 | 1 | 6 | 9 |
| 9 | 6 | 4 | 3 | 1 | 2 | 8 | 5 | 7 |
| 8 | 5 | 1 | 4 | 9 | 7 | 3 | 2 | 6 |
| 7 | 2 | 3 | 5 | 6 | 8 | 9 | 4 | 1 |

**99**

| 8 | 3 | 1 | 4 | 2 | 9 | 7 | 5 | 6 |
|---|---|---|---|---|---|---|---|---|
| 6 | 5 | 4 | 8 | 7 | 3 | 2 | 1 | 9 |
| 9 | 7 | 2 | 1 | 5 | 6 | 3 | 4 | 8 |
| 4 | 8 | 6 | 7 | 3 | 5 | 1 | 9 | 2 |
| 3 | 2 | 9 | 6 | 8 | 1 | 5 | 7 | 4 |
| 7 | 1 | 5 | 2 | 9 | 4 | 6 | 8 | 3 |
| 1 | 9 | 3 | 5 | 4 | 2 | 8 | 6 | 7 |
| 5 | 4 | 7 | 3 | 6 | 8 | 9 | 2 | 1 |
| 2 | 6 | 8 | 9 | 1 | 7 | 4 | 3 | 5 |

**100**

| 8 | 4 | 1 | 9 | 7 | 2 | 6 | 3 | 5 |
|---|---|---|---|---|---|---|---|---|
| 5 | 3 | 7 | 8 | 6 | 4 | 1 | 9 | 2 |
| 6 | 9 | 2 | 1 | 5 | 3 | 4 | 8 | 7 |
| 2 | 8 | 4 | 6 | 9 | 1 | 5 | 7 | 3 |
| 9 | 5 | 6 | 2 | 3 | 7 | 8 | 1 | 4 |
| 7 | 1 | 3 | 5 | 4 | 8 | 2 | 6 | 9 |
| 1 | 6 | 5 | 3 | 2 | 9 | 7 | 4 | 8 |
| 4 | 2 | 9 | 7 | 8 | 6 | 3 | 5 | 1 |
| 3 | 7 | 8 | 4 | 1 | 5 | 9 | 2 | 6 |

**101**

| 4 | 2 | 9 | 5 | 8 | 1 | 3 | 7 | 6 |
|---|---|---|---|---|---|---|---|---|
| 3 | 7 | 6 | 2 | 4 | 9 | 1 | 5 | 8 |
| 8 | 1 | 5 | 6 | 3 | 7 | 9 | 2 | 4 |
| 1 | 4 | 3 | 7 | 9 | 6 | 5 | 8 | 2 |
| 7 | 9 | 2 | 8 | 5 | 4 | 6 | 1 | 3 |
| 5 | 6 | 8 | 1 | 2 | 3 | 4 | 9 | 7 |
| 6 | 3 | 7 | 9 | 1 | 8 | 2 | 4 | 5 |
| 9 | 5 | 4 | 3 | 7 | 2 | 8 | 6 | 1 |
| 2 | 8 | 1 | 4 | 6 | 5 | 7 | 3 | 9 |

**102**

| 4 | 2 | 7 | 3 | 5 | 6 | 8 | 9 | 1 |
|---|---|---|---|---|---|---|---|---|
| 5 | 1 | 8 | 2 | 9 | 7 | 4 | 6 | 3 |
| 9 | 6 | 3 | 1 | 8 | 4 | 5 | 2 | 7 |
| 2 | 9 | 5 | 8 | 7 | 3 | 1 | 4 | 6 |
| 3 | 8 | 6 | 4 | 1 | 9 | 2 | 7 | 5 |
| 1 | 7 | 4 | 6 | 2 | 5 | 3 | 8 | 9 |
| 7 | 4 | 2 | 9 | 3 | 1 | 6 | 5 | 8 |
| 6 | 5 | 1 | 7 | 4 | 8 | 9 | 3 | 2 |
| 8 | 3 | 9 | 5 | 6 | 2 | 7 | 1 | 4 |

## 103

| 2 | 9 | 5 | 7 | 3 | 6 | 1 | 8 | 4 |
| 1 | 6 | 3 | 4 | 8 | 2 | 7 | 9 | 5 |
| 8 | 7 | 4 | 9 | 5 | 1 | 3 | 2 | 6 |
| 3 | 5 | 2 | 6 | 9 | 8 | 4 | 1 | 7 |
| 6 | 4 | 9 | 2 | 1 | 7 | 5 | 3 | 8 |
| 7 | 1 | 8 | 3 | 4 | 5 | 9 | 6 | 2 |
| 9 | 8 | 7 | 5 | 2 | 3 | 6 | 4 | 1 |
| 4 | 2 | 6 | 1 | 7 | 9 | 8 | 5 | 3 |
| 5 | 3 | 1 | 8 | 6 | 4 | 2 | 7 | 9 |

## 104

| 6 | 1 | 7 | 3 | 5 | 4 | 8 | 2 | 9 |
| 5 | 3 | 9 | 1 | 8 | 2 | 6 | 4 | 7 |
| 2 | 4 | 8 | 7 | 6 | 9 | 3 | 5 | 1 |
| 1 | 9 | 5 | 6 | 4 | 7 | 2 | 3 | 8 |
| 3 | 6 | 2 | 8 | 9 | 5 | 1 | 7 | 4 |
| 8 | 7 | 4 | 2 | 1 | 3 | 5 | 9 | 6 |
| 9 | 8 | 3 | 4 | 2 | 6 | 7 | 1 | 5 |
| 4 | 2 | 1 | 5 | 7 | 8 | 9 | 6 | 3 |
| 7 | 5 | 6 | 9 | 3 | 1 | 4 | 8 | 2 |

## 105

| 2 | 7 | 6 | 5 | 3 | 8 | 4 | 1 | 9 |
| 9 | 5 | 4 | 1 | 7 | 2 | 6 | 8 | 3 |
| 1 | 8 | 3 | 4 | 9 | 6 | 7 | 5 | 2 |
| 3 | 4 | 5 | 2 | 1 | 7 | 9 | 6 | 8 |
| 8 | 6 | 2 | 9 | 5 | 4 | 1 | 3 | 7 |
| 7 | 1 | 9 | 8 | 6 | 3 | 5 | 2 | 4 |
| 4 | 2 | 1 | 7 | 8 | 5 | 3 | 9 | 6 |
| 6 | 9 | 8 | 3 | 4 | 1 | 2 | 7 | 5 |
| 5 | 3 | 7 | 6 | 2 | 9 | 8 | 4 | 1 |

## 106

| 9 | 7 | 3 | 5 | 1 | 2 | 4 | 8 | 6 |
| 8 | 5 | 2 | 4 | 7 | 6 | 9 | 3 | 1 |
| 4 | 1 | 6 | 8 | 3 | 9 | 5 | 7 | 2 |
| 2 | 6 | 4 | 3 | 5 | 7 | 1 | 9 | 8 |
| 7 | 3 | 8 | 1 | 9 | 4 | 2 | 6 | 5 |
| 1 | 9 | 5 | 6 | 2 | 8 | 3 | 4 | 7 |
| 5 | 8 | 1 | 7 | 4 | 3 | 6 | 2 | 9 |
| 3 | 2 | 7 | 9 | 6 | 1 | 8 | 5 | 4 |
| 6 | 4 | 9 | 2 | 8 | 5 | 7 | 1 | 3 |

## 107

| 3 | 5 | 9 | 8 | 2 | 4 | 6 | 1 | 7 |
| 1 | 7 | 4 | 3 | 6 | 9 | 8 | 5 | 2 |
| 2 | 8 | 6 | 5 | 1 | 7 | 9 | 3 | 4 |
| 9 | 1 | 8 | 7 | 4 | 2 | 5 | 6 | 3 |
| 7 | 4 | 5 | 1 | 3 | 6 | 2 | 9 | 8 |
| 6 | 2 | 3 | 9 | 8 | 5 | 4 | 7 | 1 |
| 4 | 6 | 7 | 2 | 9 | 1 | 3 | 8 | 5 |
| 5 | 3 | 2 | 6 | 7 | 8 | 1 | 4 | 9 |
| 8 | 9 | 1 | 4 | 5 | 3 | 7 | 2 | 6 |

## 108

| 6 | 9 | 3 | 8 | 2 | 5 | 7 | 4 | 1 |
| 2 | 1 | 7 | 4 | 3 | 9 | 8 | 6 | 5 |
| 4 | 8 | 5 | 6 | 1 | 7 | 9 | 3 | 2 |
| 9 | 7 | 1 | 2 | 8 | 6 | 4 | 5 | 3 |
| 8 | 3 | 2 | 7 | 5 | 4 | 1 | 9 | 6 |
| 5 | 6 | 4 | 1 | 9 | 3 | 2 | 7 | 8 |
| 3 | 2 | 6 | 9 | 7 | 8 | 5 | 1 | 4 |
| 1 | 4 | 9 | 5 | 6 | 2 | 3 | 8 | 7 |
| 7 | 5 | 8 | 3 | 4 | 1 | 6 | 2 | 9 |

## 109

| 7 | 2 | 5 | 3 | 1 | 9 | 8 | 6 | 4 |
|---|---|---|---|---|---|---|---|---|
| 6 | 4 | 9 | 5 | 8 | 7 | 1 | 3 | 2 |
| 8 | 3 | 1 | 2 | 4 | 6 | 5 | 7 | 9 |
| 4 | 1 | 6 | 7 | 9 | 3 | 2 | 8 | 5 |
| 5 | 9 | 8 | 1 | 6 | 2 | 3 | 4 | 7 |
| 2 | 7 | 3 | 8 | 5 | 4 | 6 | 9 | 1 |
| 9 | 8 | 2 | 6 | 7 | 5 | 4 | 1 | 3 |
| 1 | 5 | 4 | 9 | 3 | 8 | 7 | 2 | 6 |
| 3 | 6 | 7 | 4 | 2 | 1 | 9 | 5 | 8 |

## 110

| 6 | 2 | 5 | 7 | 9 | 1 | 8 | 3 | 4 |
|---|---|---|---|---|---|---|---|---|
| 4 | 7 | 3 | 6 | 2 | 8 | 5 | 9 | 1 |
| 1 | 8 | 9 | 4 | 5 | 3 | 2 | 6 | 7 |
| 5 | 1 | 4 | 8 | 6 | 7 | 3 | 2 | 9 |
| 8 | 3 | 2 | 9 | 1 | 5 | 4 | 7 | 6 |
| 9 | 6 | 7 | 3 | 4 | 2 | 1 | 8 | 5 |
| 3 | 9 | 6 | 1 | 8 | 4 | 7 | 5 | 2 |
| 2 | 4 | 8 | 5 | 7 | 6 | 9 | 1 | 3 |
| 7 | 5 | 1 | 2 | 3 | 9 | 6 | 4 | 8 |

## 111

| 5 | 1 | 9 | 2 | 3 | 7 | 4 | 6 | 8 |
|---|---|---|---|---|---|---|---|---|
| 4 | 8 | 3 | 6 | 5 | 9 | 2 | 7 | 1 |
| 7 | 6 | 2 | 4 | 1 | 8 | 5 | 9 | 3 |
| 1 | 2 | 4 | 3 | 9 | 6 | 8 | 5 | 7 |
| 3 | 5 | 7 | 8 | 4 | 1 | 9 | 2 | 6 |
| 6 | 9 | 8 | 5 | 7 | 2 | 1 | 3 | 4 |
| 8 | 4 | 5 | 7 | 2 | 3 | 6 | 1 | 9 |
| 9 | 7 | 6 | 1 | 8 | 5 | 3 | 4 | 2 |
| 2 | 3 | 1 | 9 | 6 | 4 | 7 | 8 | 5 |

## 112

| 6 | 2 | 4 | 5 | 1 | 8 | 9 | 3 | 7 |
|---|---|---|---|---|---|---|---|---|
| 9 | 5 | 8 | 6 | 7 | 3 | 4 | 1 | 2 |
| 1 | 7 | 3 | 9 | 2 | 4 | 6 | 8 | 5 |
| 4 | 9 | 2 | 1 | 6 | 5 | 3 | 7 | 8 |
| 3 | 6 | 1 | 2 | 8 | 7 | 5 | 9 | 4 |
| 5 | 8 | 7 | 3 | 4 | 9 | 2 | 6 | 1 |
| 2 | 4 | 6 | 8 | 3 | 1 | 7 | 5 | 9 |
| 8 | 3 | 5 | 7 | 9 | 2 | 1 | 4 | 6 |
| 7 | 1 | 9 | 4 | 5 | 6 | 8 | 2 | 3 |

## 113

| 6 | 9 | 1 | 4 | 7 | 3 | 5 | 2 | 8 |
|---|---|---|---|---|---|---|---|---|
| 7 | 8 | 4 | 9 | 2 | 5 | 3 | 1 | 6 |
| 3 | 2 | 5 | 6 | 1 | 8 | 7 | 9 | 4 |
| 9 | 1 | 7 | 3 | 5 | 4 | 6 | 8 | 2 |
| 4 | 5 | 2 | 8 | 6 | 7 | 9 | 3 | 1 |
| 8 | 6 | 3 | 1 | 9 | 2 | 4 | 5 | 7 |
| 5 | 4 | 9 | 7 | 8 | 1 | 2 | 6 | 3 |
| 2 | 3 | 8 | 5 | 4 | 6 | 1 | 7 | 9 |
| 1 | 7 | 6 | 2 | 3 | 9 | 8 | 4 | 5 |

## 114

| 9 | 7 | 1 | 2 | 6 | 4 | 3 | 8 | 5 |
|---|---|---|---|---|---|---|---|---|
| 2 | 4 | 3 | 8 | 5 | 7 | 1 | 6 | 9 |
| 8 | 6 | 5 | 3 | 9 | 1 | 2 | 7 | 4 |
| 6 | 1 | 9 | 4 | 7 | 8 | 5 | 2 | 3 |
| 3 | 2 | 8 | 9 | 1 | 5 | 6 | 4 | 7 |
| 4 | 5 | 7 | 6 | 3 | 2 | 9 | 1 | 8 |
| 1 | 9 | 4 | 5 | 8 | 6 | 7 | 3 | 2 |
| 5 | 8 | 6 | 7 | 2 | 3 | 4 | 9 | 1 |
| 7 | 3 | 2 | 1 | 4 | 9 | 8 | 5 | 6 |

## 115

| 2 | 8 | 4 | 9 | 1 | 7 | 5 | 3 | 6 |
|---|---|---|---|---|---|---|---|---|
| 3 | 9 | 6 | 2 | 5 | 8 | 7 | 1 | 4 |
| 5 | 1 | 7 | 4 | 6 | 3 | 2 | 9 | 8 |
| 1 | 7 | 8 | 3 | 2 | 5 | 6 | 4 | 9 |
| 4 | 5 | 3 | 6 | 8 | 9 | 1 | 2 | 7 |
| 9 | 6 | 2 | 7 | 4 | 1 | 8 | 5 | 3 |
| 7 | 2 | 1 | 8 | 3 | 4 | 9 | 6 | 5 |
| 6 | 3 | 9 | 5 | 7 | 2 | 4 | 8 | 1 |
| 8 | 4 | 5 | 1 | 9 | 6 | 3 | 7 | 2 |

## 116

| 7 | 5 | 4 | 8 | 9 | 3 | 1 | 6 | 2 |
|---|---|---|---|---|---|---|---|---|
| 1 | 8 | 9 | 6 | 5 | 2 | 3 | 4 | 7 |
| 3 | 6 | 2 | 4 | 1 | 7 | 5 | 8 | 9 |
| 6 | 3 | 1 | 5 | 4 | 9 | 2 | 7 | 8 |
| 5 | 4 | 7 | 2 | 3 | 8 | 6 | 9 | 1 |
| 9 | 2 | 8 | 7 | 6 | 1 | 4 | 5 | 3 |
| 2 | 9 | 6 | 1 | 8 | 4 | 7 | 3 | 5 |
| 8 | 1 | 5 | 3 | 7 | 6 | 9 | 2 | 4 |
| 4 | 7 | 3 | 9 | 2 | 5 | 8 | 1 | 6 |

## 117

| 1 | 6 | 2 | 9 | 3 | 5 | 4 | 8 | 7 |
|---|---|---|---|---|---|---|---|---|
| 9 | 5 | 4 | 2 | 7 | 8 | 1 | 6 | 3 |
| 3 | 8 | 7 | 6 | 1 | 4 | 9 | 2 | 5 |
| 6 | 7 | 3 | 4 | 2 | 9 | 5 | 1 | 8 |
| 8 | 1 | 5 | 7 | 6 | 3 | 2 | 9 | 4 |
| 4 | 2 | 9 | 5 | 8 | 1 | 7 | 3 | 6 |
| 2 | 3 | 1 | 8 | 5 | 7 | 6 | 4 | 9 |
| 5 | 4 | 8 | 1 | 9 | 6 | 3 | 7 | 2 |
| 7 | 9 | 6 | 3 | 4 | 2 | 8 | 5 | 1 |

## 118

| 9 | 7 | 6 | 3 | 5 | 4 | 2 | 8 | 1 |
|---|---|---|---|---|---|---|---|---|
| 1 | 4 | 5 | 2 | 9 | 8 | 3 | 6 | 7 |
| 8 | 3 | 2 | 7 | 1 | 6 | 9 | 4 | 5 |
| 3 | 2 | 8 | 4 | 7 | 9 | 1 | 5 | 6 |
| 4 | 6 | 1 | 5 | 8 | 2 | 7 | 3 | 9 |
| 7 | 5 | 9 | 6 | 3 | 1 | 4 | 2 | 8 |
| 6 | 1 | 3 | 9 | 4 | 5 | 8 | 7 | 2 |
| 2 | 9 | 4 | 8 | 6 | 7 | 5 | 1 | 3 |
| 5 | 8 | 7 | 1 | 2 | 3 | 6 | 9 | 4 |

## 119

| 8 | 1 | 3 | 4 | 5 | 2 | 9 | 6 | 7 |
|---|---|---|---|---|---|---|---|---|
| 6 | 5 | 9 | 1 | 3 | 7 | 8 | 2 | 4 |
| 4 | 7 | 2 | 9 | 8 | 6 | 3 | 1 | 5 |
| 1 | 3 | 5 | 7 | 9 | 4 | 2 | 8 | 6 |
| 7 | 2 | 4 | 3 | 6 | 8 | 5 | 9 | 1 |
| 9 | 8 | 6 | 5 | 2 | 1 | 7 | 4 | 3 |
| 2 | 4 | 1 | 8 | 7 | 3 | 6 | 5 | 9 |
| 5 | 6 | 7 | 2 | 4 | 9 | 1 | 3 | 8 |
| 3 | 9 | 8 | 6 | 1 | 5 | 4 | 7 | 2 |

## 120

| 2 | 8 | 4 | 3 | 7 | 5 | 9 | 1 | 6 |
|---|---|---|---|---|---|---|---|---|
| 1 | 9 | 7 | 6 | 2 | 8 | 3 | 4 | 5 |
| 6 | 5 | 3 | 9 | 1 | 4 | 8 | 2 | 7 |
| 9 | 7 | 2 | 5 | 6 | 3 | 4 | 8 | 1 |
| 3 | 1 | 5 | 4 | 8 | 7 | 2 | 6 | 9 |
| 4 | 6 | 8 | 1 | 9 | 2 | 7 | 5 | 3 |
| 5 | 3 | 9 | 8 | 4 | 1 | 6 | 7 | 2 |
| 8 | 2 | 1 | 7 | 3 | 6 | 5 | 9 | 4 |
| 7 | 4 | 6 | 2 | 5 | 9 | 1 | 3 | 8 |

## 121

| 4 | 7 | 1 | 6 | 8 | 2 | 5 | 9 | 3 |
|---|---|---|---|---|---|---|---|---|
| 5 | 2 | 9 | 1 | 3 | 7 | 4 | 8 | 6 |
| 8 | 6 | 3 | 9 | 4 | 5 | 7 | 2 | 1 |
| 6 | 3 | 8 | 2 | 5 | 1 | 9 | 7 | 4 |
| 1 | 9 | 2 | 8 | 7 | 4 | 3 | 6 | 5 |
| 7 | 5 | 4 | 3 | 6 | 9 | 2 | 1 | 8 |
| 2 | 4 | 6 | 5 | 9 | 8 | 1 | 3 | 7 |
| 9 | 8 | 5 | 7 | 1 | 3 | 6 | 4 | 2 |
| 3 | 1 | 7 | 4 | 2 | 6 | 8 | 5 | 9 |

## 122

| 5 | 1 | 4 | 2 | 6 | 7 | 9 | 3 | 8 |
|---|---|---|---|---|---|---|---|---|
| 7 | 3 | 9 | 8 | 5 | 1 | 2 | 4 | 6 |
| 8 | 6 | 2 | 9 | 3 | 4 | 7 | 1 | 5 |
| 6 | 7 | 3 | 1 | 4 | 9 | 8 | 5 | 2 |
| 9 | 8 | 1 | 5 | 7 | 2 | 4 | 6 | 3 |
| 2 | 4 | 5 | 3 | 8 | 6 | 1 | 9 | 7 |
| 1 | 2 | 7 | 6 | 9 | 3 | 5 | 8 | 4 |
| 4 | 5 | 6 | 7 | 1 | 8 | 3 | 2 | 9 |
| 3 | 9 | 8 | 4 | 2 | 5 | 6 | 7 | 1 |

## 123

| 9 | 7 | 1 | 3 | 2 | 6 | 8 | 5 | 4 |
|---|---|---|---|---|---|---|---|---|
| 8 | 5 | 3 | 1 | 7 | 4 | 6 | 9 | 2 |
| 6 | 2 | 4 | 5 | 8 | 9 | 3 | 1 | 7 |
| 2 | 1 | 6 | 9 | 3 | 7 | 5 | 4 | 8 |
| 4 | 3 | 7 | 8 | 6 | 5 | 1 | 2 | 9 |
| 5 | 8 | 9 | 2 | 4 | 1 | 7 | 6 | 3 |
| 1 | 9 | 2 | 7 | 5 | 8 | 4 | 3 | 6 |
| 3 | 6 | 8 | 4 | 1 | 2 | 9 | 7 | 5 |
| 7 | 4 | 5 | 6 | 9 | 3 | 2 | 8 | 1 |

## 124

| 7 | 4 | 9 | 6 | 8 | 5 | 2 | 3 | 1 |
|---|---|---|---|---|---|---|---|---|
| 2 | 3 | 8 | 4 | 7 | 1 | 9 | 6 | 5 |
| 6 | 1 | 5 | 2 | 9 | 3 | 8 | 4 | 7 |
| 4 | 8 | 2 | 5 | 1 | 7 | 6 | 9 | 3 |
| 1 | 6 | 3 | 8 | 2 | 9 | 7 | 5 | 4 |
| 9 | 5 | 7 | 3 | 6 | 4 | 1 | 2 | 8 |
| 3 | 2 | 6 | 1 | 5 | 8 | 4 | 7 | 9 |
| 8 | 9 | 4 | 7 | 3 | 6 | 5 | 1 | 2 |
| 5 | 7 | 1 | 9 | 4 | 2 | 3 | 8 | 6 |

## 125

| 7 | 6 | 9 | 3 | 5 | 8 | 2 | 1 | 4 |
|---|---|---|---|---|---|---|---|---|
| 4 | 2 | 3 | 6 | 1 | 7 | 5 | 8 | 9 |
| 5 | 1 | 8 | 4 | 9 | 2 | 6 | 7 | 3 |
| 2 | 3 | 1 | 7 | 4 | 6 | 8 | 9 | 5 |
| 9 | 4 | 5 | 1 | 8 | 3 | 7 | 6 | 2 |
| 6 | 8 | 7 | 5 | 2 | 9 | 4 | 3 | 1 |
| 3 | 9 | 4 | 8 | 6 | 5 | 1 | 2 | 7 |
| 1 | 7 | 6 | 2 | 3 | 4 | 9 | 5 | 8 |
| 8 | 5 | 2 | 9 | 7 | 1 | 3 | 4 | 6 |

## 126

| 9 | 4 | 1 | 5 | 8 | 7 | 2 | 6 | 3 |
|---|---|---|---|---|---|---|---|---|
| 2 | 8 | 5 | 1 | 3 | 6 | 4 | 7 | 9 |
| 7 | 6 | 3 | 2 | 9 | 4 | 1 | 8 | 5 |
| 4 | 3 | 7 | 8 | 2 | 9 | 6 | 5 | 1 |
| 6 | 2 | 9 | 7 | 1 | 5 | 8 | 3 | 4 |
| 1 | 5 | 8 | 6 | 4 | 3 | 7 | 9 | 2 |
| 3 | 9 | 2 | 4 | 7 | 8 | 5 | 1 | 6 |
| 5 | 7 | 4 | 9 | 6 | 1 | 3 | 2 | 8 |
| 8 | 1 | 6 | 3 | 5 | 2 | 9 | 4 | 7 |

## 127

| 4 | 5 | 3 | 8 | 9 | 2 | 6 | 1 | 7 |
|---|---|---|---|---|---|---|---|---|
| 1 | 9 | 7 | 3 | 6 | 5 | 8 | 4 | 2 |
| 2 | 8 | 6 | 1 | 7 | 4 | 5 | 9 | 3 |
| 3 | 7 | 8 | 6 | 5 | 1 | 4 | 2 | 9 |
| 5 | 1 | 2 | 9 | 4 | 7 | 3 | 6 | 8 |
| 9 | 6 | 4 | 2 | 8 | 3 | 1 | 7 | 5 |
| 8 | 3 | 1 | 7 | 2 | 6 | 9 | 5 | 4 |
| 7 | 4 | 9 | 5 | 1 | 8 | 2 | 3 | 6 |
| 6 | 2 | 5 | 4 | 3 | 9 | 7 | 8 | 1 |

## 128

| 3 | 5 | 4 | 2 | 7 | 6 | 9 | 8 | 1 |
|---|---|---|---|---|---|---|---|---|
| 2 | 8 | 6 | 9 | 1 | 4 | 7 | 5 | 3 |
| 9 | 7 | 1 | 5 | 8 | 3 | 6 | 4 | 2 |
| 5 | 1 | 3 | 6 | 4 | 2 | 8 | 9 | 7 |
| 6 | 2 | 7 | 8 | 3 | 9 | 4 | 1 | 5 |
| 4 | 9 | 8 | 1 | 5 | 7 | 2 | 3 | 6 |
| 7 | 3 | 9 | 4 | 6 | 5 | 1 | 2 | 8 |
| 1 | 6 | 2 | 3 | 9 | 8 | 5 | 7 | 4 |
| 8 | 4 | 5 | 7 | 2 | 1 | 3 | 6 | 9 |

## 129

| 7 | 2 | 4 | 3 | 9 | 6 | 8 | 1 | 5 |
|---|---|---|---|---|---|---|---|---|
| 1 | 5 | 3 | 7 | 8 | 4 | 9 | 2 | 6 |
| 6 | 9 | 8 | 1 | 2 | 5 | 7 | 3 | 4 |
| 2 | 8 | 6 | 5 | 4 | 9 | 3 | 7 | 1 |
| 3 | 1 | 9 | 2 | 6 | 7 | 4 | 5 | 8 |
| 4 | 7 | 5 | 8 | 3 | 1 | 6 | 9 | 2 |
| 8 | 4 | 2 | 9 | 5 | 3 | 1 | 6 | 7 |
| 9 | 6 | 1 | 4 | 7 | 2 | 5 | 8 | 3 |
| 5 | 3 | 7 | 6 | 1 | 8 | 2 | 4 | 9 |

## 130

| 4 | 1 | 7 | 8 | 5 | 9 | 2 | 3 | 6 |
|---|---|---|---|---|---|---|---|---|
| 9 | 5 | 6 | 7 | 2 | 3 | 1 | 8 | 4 |
| 8 | 2 | 3 | 6 | 4 | 1 | 5 | 7 | 9 |
| 2 | 7 | 1 | 5 | 9 | 4 | 3 | 6 | 8 |
| 5 | 8 | 9 | 1 | 3 | 6 | 7 | 4 | 2 |
| 3 | 6 | 4 | 2 | 7 | 8 | 9 | 1 | 5 |
| 6 | 3 | 5 | 9 | 8 | 7 | 4 | 2 | 1 |
| 1 | 4 | 2 | 3 | 6 | 5 | 8 | 9 | 7 |
| 7 | 9 | 8 | 4 | 1 | 2 | 6 | 5 | 3 |

## 131

| 2 | 5 | 6 | 8 | 4 | 1 | 3 | 7 | 9 |
|---|---|---|---|---|---|---|---|---|
| 8 | 4 | 3 | 2 | 9 | 7 | 5 | 1 | 6 |
| 1 | 9 | 7 | 3 | 5 | 6 | 8 | 4 | 2 |
| 9 | 3 | 8 | 4 | 1 | 5 | 2 | 6 | 7 |
| 5 | 7 | 1 | 9 | 6 | 2 | 4 | 3 | 8 |
| 4 | 6 | 2 | 7 | 8 | 3 | 9 | 5 | 1 |
| 6 | 8 | 4 | 5 | 7 | 9 | 1 | 2 | 3 |
| 3 | 1 | 5 | 6 | 2 | 8 | 7 | 9 | 4 |
| 7 | 2 | 9 | 1 | 3 | 4 | 6 | 8 | 5 |

## 132

| 7 | 1 | 6 | 9 | 4 | 2 | 5 | 8 | 3 |
|---|---|---|---|---|---|---|---|---|
| 2 | 3 | 8 | 5 | 6 | 1 | 9 | 4 | 7 |
| 9 | 4 | 5 | 3 | 7 | 8 | 2 | 6 | 1 |
| 3 | 5 | 4 | 6 | 8 | 7 | 1 | 2 | 9 |
| 8 | 9 | 1 | 4 | 2 | 3 | 7 | 5 | 6 |
| 6 | 7 | 2 | 1 | 9 | 5 | 4 | 3 | 8 |
| 5 | 2 | 7 | 8 | 1 | 6 | 3 | 9 | 4 |
| 4 | 6 | 3 | 7 | 5 | 9 | 8 | 1 | 2 |
| 1 | 8 | 9 | 2 | 3 | 4 | 6 | 7 | 5 |

### 133

| 4 | 1 | 6 | 9 | 3 | 8 | 2 | 7 | 5 |
|---|---|---|---|---|---|---|---|---|
| 2 | 5 | 8 | 4 | 1 | 7 | 6 | 9 | 3 |
| 7 | 9 | 3 | 6 | 5 | 2 | 1 | 8 | 4 |
| 3 | 4 | 5 | 8 | 6 | 1 | 9 | 2 | 7 |
| 6 | 2 | 9 | 5 | 7 | 3 | 4 | 1 | 8 |
| 8 | 7 | 1 | 2 | 9 | 4 | 5 | 3 | 6 |
| 1 | 6 | 7 | 3 | 4 | 9 | 8 | 5 | 2 |
| 5 | 3 | 2 | 1 | 8 | 6 | 7 | 4 | 9 |
| 9 | 8 | 4 | 7 | 2 | 5 | 3 | 6 | 1 |

### 134

| 9 | 7 | 2 | 4 | 8 | 5 | 3 | 6 | 1 |
|---|---|---|---|---|---|---|---|---|
| 3 | 6 | 4 | 1 | 9 | 2 | 5 | 7 | 8 |
| 5 | 1 | 8 | 3 | 6 | 7 | 4 | 9 | 2 |
| 2 | 9 | 5 | 7 | 4 | 8 | 1 | 3 | 6 |
| 4 | 8 | 6 | 5 | 3 | 1 | 7 | 2 | 9 |
| 7 | 3 | 1 | 9 | 2 | 6 | 8 | 5 | 4 |
| 6 | 5 | 9 | 8 | 1 | 3 | 2 | 4 | 7 |
| 8 | 2 | 3 | 6 | 7 | 4 | 9 | 1 | 5 |
| 1 | 4 | 7 | 2 | 5 | 9 | 6 | 8 | 3 |

### 135

| 2 | 6 | 8 | 7 | 9 | 3 | 5 | 1 | 4 |
|---|---|---|---|---|---|---|---|---|
| 3 | 4 | 5 | 6 | 1 | 8 | 9 | 2 | 7 |
| 1 | 7 | 9 | 5 | 4 | 2 | 3 | 6 | 8 |
| 5 | 1 | 7 | 8 | 6 | 4 | 2 | 3 | 9 |
| 6 | 8 | 3 | 1 | 2 | 9 | 4 | 7 | 5 |
| 9 | 2 | 4 | 3 | 5 | 7 | 6 | 8 | 1 |
| 8 | 5 | 2 | 9 | 7 | 6 | 1 | 4 | 3 |
| 7 | 9 | 6 | 4 | 3 | 1 | 8 | 5 | 2 |
| 4 | 3 | 1 | 2 | 8 | 5 | 7 | 9 | 6 |

### 136

| 7 | 6 | 8 | 2 | 4 | 1 | 3 | 9 | 5 |
|---|---|---|---|---|---|---|---|---|
| 4 | 9 | 2 | 7 | 3 | 5 | 1 | 8 | 6 |
| 5 | 1 | 3 | 6 | 8 | 9 | 4 | 7 | 2 |
| 6 | 5 | 1 | 3 | 2 | 8 | 9 | 4 | 7 |
| 9 | 2 | 4 | 1 | 5 | 7 | 8 | 6 | 3 |
| 8 | 3 | 7 | 4 | 9 | 6 | 5 | 2 | 1 |
| 1 | 4 | 6 | 9 | 7 | 3 | 2 | 5 | 8 |
| 2 | 7 | 5 | 8 | 1 | 4 | 6 | 3 | 9 |
| 3 | 8 | 9 | 5 | 6 | 2 | 7 | 1 | 4 |

### 137

| 6 | 8 | 5 | 4 | 1 | 3 | 2 | 7 | 9 |
|---|---|---|---|---|---|---|---|---|
| 4 | 9 | 3 | 7 | 8 | 2 | 1 | 5 | 6 |
| 1 | 7 | 2 | 6 | 5 | 9 | 8 | 4 | 3 |
| 3 | 4 | 7 | 5 | 6 | 1 | 9 | 2 | 8 |
| 9 | 2 | 6 | 3 | 4 | 8 | 5 | 1 | 7 |
| 8 | 5 | 1 | 2 | 9 | 7 | 3 | 6 | 4 |
| 5 | 3 | 8 | 1 | 7 | 4 | 6 | 9 | 2 |
| 2 | 1 | 4 | 9 | 3 | 6 | 7 | 8 | 5 |
| 7 | 6 | 9 | 8 | 2 | 5 | 4 | 3 | 1 |

### 138

| 2 | 4 | 7 | 5 | 1 | 8 | 6 | 9 | 3 |
|---|---|---|---|---|---|---|---|---|
| 8 | 6 | 5 | 2 | 9 | 3 | 7 | 4 | 1 |
| 9 | 3 | 1 | 6 | 7 | 4 | 2 | 5 | 8 |
| 6 | 7 | 8 | 3 | 4 | 2 | 5 | 1 | 9 |
| 4 | 5 | 2 | 9 | 8 | 1 | 3 | 7 | 6 |
| 1 | 9 | 3 | 7 | 6 | 5 | 8 | 2 | 4 |
| 7 | 2 | 6 | 1 | 3 | 9 | 4 | 8 | 5 |
| 5 | 1 | 4 | 8 | 2 | 6 | 9 | 3 | 7 |
| 3 | 8 | 9 | 4 | 5 | 7 | 1 | 6 | 2 |

## 139

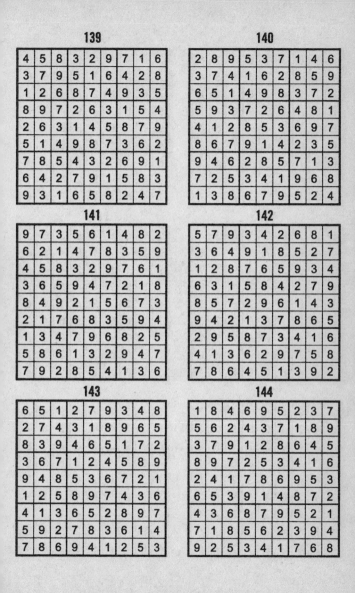

| 4 | 5 | 8 | 3 | 2 | 9 | 7 | 1 | 6 |
| 3 | 7 | 9 | 5 | 1 | 6 | 4 | 2 | 8 |
| 1 | 2 | 6 | 8 | 7 | 4 | 9 | 3 | 5 |
| 8 | 9 | 7 | 2 | 6 | 3 | 1 | 5 | 4 |
| 2 | 6 | 3 | 1 | 4 | 5 | 8 | 7 | 9 |
| 5 | 1 | 4 | 9 | 8 | 7 | 3 | 6 | 2 |
| 7 | 8 | 5 | 4 | 3 | 2 | 6 | 9 | 1 |
| 6 | 4 | 2 | 7 | 9 | 1 | 5 | 8 | 3 |
| 9 | 3 | 1 | 6 | 5 | 8 | 2 | 4 | 7 |

## 140

| 2 | 8 | 9 | 5 | 3 | 7 | 1 | 4 | 6 |
| 3 | 7 | 4 | 1 | 6 | 2 | 8 | 5 | 9 |
| 6 | 5 | 1 | 4 | 9 | 8 | 3 | 7 | 2 |
| 5 | 9 | 3 | 7 | 2 | 6 | 4 | 8 | 1 |
| 4 | 1 | 2 | 8 | 5 | 3 | 6 | 9 | 7 |
| 8 | 6 | 7 | 9 | 1 | 4 | 2 | 3 | 5 |
| 9 | 4 | 6 | 2 | 8 | 5 | 7 | 1 | 3 |
| 7 | 2 | 5 | 3 | 4 | 1 | 9 | 6 | 8 |
| 1 | 3 | 8 | 6 | 7 | 9 | 5 | 2 | 4 |

## 141

| 9 | 7 | 3 | 5 | 6 | 1 | 4 | 8 | 2 |
| 6 | 2 | 1 | 4 | 7 | 8 | 3 | 5 | 9 |
| 4 | 5 | 8 | 3 | 2 | 9 | 7 | 6 | 1 |
| 3 | 6 | 5 | 9 | 4 | 7 | 2 | 1 | 8 |
| 8 | 4 | 9 | 2 | 1 | 5 | 6 | 7 | 3 |
| 2 | 1 | 7 | 6 | 8 | 3 | 5 | 9 | 4 |
| 1 | 3 | 4 | 7 | 9 | 6 | 8 | 2 | 5 |
| 5 | 8 | 6 | 1 | 3 | 2 | 9 | 4 | 7 |
| 7 | 9 | 2 | 8 | 5 | 4 | 1 | 3 | 6 |

## 142

| 5 | 7 | 9 | 3 | 4 | 2 | 6 | 8 | 1 |
| 3 | 6 | 4 | 9 | 1 | 8 | 5 | 2 | 7 |
| 1 | 2 | 8 | 7 | 6 | 5 | 9 | 3 | 4 |
| 6 | 3 | 1 | 5 | 8 | 4 | 2 | 7 | 9 |
| 8 | 5 | 7 | 2 | 9 | 6 | 1 | 4 | 3 |
| 9 | 4 | 2 | 1 | 3 | 7 | 8 | 6 | 5 |
| 2 | 9 | 5 | 8 | 7 | 3 | 4 | 1 | 6 |
| 4 | 1 | 3 | 6 | 2 | 9 | 7 | 5 | 8 |
| 7 | 8 | 6 | 4 | 5 | 1 | 3 | 9 | 2 |

## 143

| 6 | 5 | 1 | 2 | 7 | 9 | 3 | 4 | 8 |
| 2 | 7 | 4 | 3 | 1 | 8 | 9 | 6 | 5 |
| 8 | 3 | 9 | 4 | 6 | 5 | 1 | 7 | 2 |
| 3 | 6 | 7 | 1 | 2 | 4 | 5 | 8 | 9 |
| 9 | 4 | 8 | 5 | 3 | 6 | 7 | 2 | 1 |
| 1 | 2 | 5 | 8 | 9 | 7 | 4 | 3 | 6 |
| 4 | 1 | 3 | 6 | 5 | 2 | 8 | 9 | 7 |
| 5 | 9 | 2 | 7 | 8 | 3 | 6 | 1 | 4 |
| 7 | 8 | 6 | 9 | 4 | 1 | 2 | 5 | 3 |

## 144

| 1 | 8 | 4 | 6 | 9 | 5 | 2 | 3 | 7 |
| 5 | 6 | 2 | 4 | 3 | 7 | 1 | 8 | 9 |
| 3 | 7 | 9 | 1 | 2 | 8 | 6 | 4 | 5 |
| 8 | 9 | 7 | 2 | 5 | 3 | 4 | 1 | 6 |
| 2 | 4 | 1 | 7 | 8 | 6 | 9 | 5 | 3 |
| 6 | 5 | 3 | 9 | 1 | 4 | 8 | 7 | 2 |
| 4 | 3 | 6 | 8 | 7 | 9 | 5 | 2 | 1 |
| 7 | 1 | 8 | 5 | 6 | 2 | 3 | 9 | 4 |
| 9 | 2 | 5 | 3 | 4 | 1 | 7 | 6 | 8 |

## 145

| 9 | 4 | 8 | 3 | 1 | 6 | 2 | 7 | 5 |
| 1 | 2 | 6 | 9 | 7 | 5 | 8 | 3 | 4 |
| 3 | 7 | 5 | 4 | 2 | 8 | 1 | 9 | 6 |
| 7 | 5 | 2 | 1 | 8 | 9 | 6 | 4 | 3 |
| 8 | 6 | 3 | 2 | 4 | 7 | 9 | 5 | 1 |
| 4 | 1 | 9 | 5 | 6 | 3 | 7 | 2 | 8 |
| 6 | 9 | 7 | 8 | 5 | 4 | 3 | 1 | 2 |
| 2 | 8 | 4 | 7 | 3 | 1 | 5 | 6 | 9 |
| 5 | 3 | 1 | 6 | 9 | 2 | 4 | 8 | 7 |

## 146

| 3 | 8 | 4 | 9 | 1 | 6 | 2 | 7 | 5 |
| 1 | 5 | 2 | 3 | 7 | 4 | 9 | 8 | 6 |
| 7 | 6 | 9 | 5 | 2 | 8 | 1 | 4 | 3 |
| 5 | 1 | 6 | 2 | 8 | 9 | 4 | 3 | 7 |
| 9 | 7 | 8 | 6 | 4 | 3 | 5 | 1 | 2 |
| 4 | 2 | 3 | 1 | 5 | 7 | 6 | 9 | 8 |
| 8 | 9 | 1 | 7 | 6 | 5 | 3 | 2 | 4 |
| 6 | 3 | 7 | 4 | 9 | 2 | 8 | 5 | 1 |
| 2 | 4 | 5 | 8 | 3 | 1 | 7 | 6 | 9 |

## 147

| 5 | 2 | 7 | 6 | 9 | 1 | 8 | 3 | 4 |
| 4 | 1 | 9 | 3 | 7 | 8 | 2 | 5 | 6 |
| 3 | 8 | 6 | 2 | 5 | 4 | 9 | 1 | 7 |
| 6 | 5 | 3 | 9 | 4 | 7 | 1 | 2 | 8 |
| 1 | 7 | 8 | 5 | 3 | 2 | 6 | 4 | 9 |
| 9 | 4 | 2 | 1 | 8 | 6 | 3 | 7 | 5 |
| 8 | 3 | 1 | 4 | 6 | 5 | 7 | 9 | 2 |
| 2 | 6 | 5 | 7 | 1 | 9 | 4 | 8 | 3 |
| 7 | 9 | 4 | 8 | 2 | 3 | 5 | 6 | 1 |

## 148

| 2 | 7 | 5 | 8 | 4 | 9 | 3 | 6 | 1 |
| 8 | 3 | 4 | 2 | 1 | 6 | 7 | 5 | 9 |
| 9 | 6 | 1 | 5 | 7 | 3 | 4 | 2 | 8 |
| 1 | 5 | 2 | 7 | 6 | 4 | 8 | 9 | 3 |
| 4 | 8 | 3 | 9 | 2 | 5 | 1 | 7 | 6 |
| 7 | 9 | 6 | 3 | 8 | 1 | 5 | 4 | 2 |
| 3 | 1 | 7 | 4 | 9 | 2 | 6 | 8 | 5 |
| 6 | 4 | 9 | 1 | 5 | 8 | 2 | 3 | 7 |
| 5 | 2 | 8 | 6 | 3 | 7 | 9 | 1 | 4 |

## 149

| 2 | 3 | 9 | 5 | 8 | 4 | 1 | 6 | 7 |
| 5 | 4 | 7 | 1 | 9 | 6 | 8 | 2 | 3 |
| 6 | 8 | 1 | 2 | 3 | 7 | 4 | 5 | 9 |
| 9 | 5 | 2 | 7 | 1 | 8 | 6 | 3 | 4 |
| 8 | 6 | 4 | 9 | 2 | 3 | 7 | 1 | 5 |
| 7 | 1 | 3 | 6 | 4 | 5 | 9 | 8 | 2 |
| 3 | 2 | 6 | 8 | 7 | 9 | 5 | 4 | 1 |
| 1 | 7 | 5 | 4 | 6 | 2 | 3 | 9 | 8 |
| 4 | 9 | 8 | 3 | 5 | 1 | 2 | 7 | 6 |

## 150

| 5 | 4 | 3 | 8 | 7 | 1 | 9 | 6 | 2 |
| 8 | 1 | 2 | 6 | 4 | 9 | 5 | 3 | 7 |
| 6 | 7 | 9 | 3 | 2 | 5 | 4 | 1 | 8 |
| 4 | 9 | 6 | 1 | 3 | 7 | 8 | 2 | 5 |
| 7 | 2 | 1 | 5 | 9 | 8 | 6 | 4 | 3 |
| 3 | 5 | 8 | 2 | 6 | 4 | 1 | 7 | 9 |
| 2 | 3 | 5 | 4 | 8 | 6 | 7 | 9 | 1 |
| 9 | 8 | 4 | 7 | 1 | 2 | 3 | 5 | 6 |
| 1 | 6 | 7 | 9 | 5 | 3 | 2 | 8 | 4 |